AF567652

Die Anthroposophische Bewegung

MIEKE MOSMULLER

DIE ANTHROPOSOPHISCHE BEWEGUNG

OCCIDENT VERLAG

1. Auflage März 2017

2. Auflage November 2017

ISBN 978-3-946699-04-0

Internet: www.occidentverlag.de
E-Mail: info@occidentverlag.de
Grafische Gestaltung: Carina van den Bergh
Umschlagabbildung: Plato, Aristoteles, Fichte, Rudolf Steiner

INHALT

ERSTE STUNDE

Zürich, 12. November 2016

Ich werde versuchen, meine Sicht auf die anthroposophische Bewegung auszusprechen. Ich bin mir bewusst, dass diese Anschauung vielleicht ziemlich radikal ist, aber sie hat sich im Laufe der dreißig Jahre Anthroposophie gebildet, ist also nicht von vornherein konzipiert, sondern ist allmählich entstanden. Und sie entstand dann vor allem dadurch, dass ich durch diese dreißig Jahre hindurch die Gesamtausgabe meditierend gelesen habe und sich dann Stück für Stück etwas auftut, wovon man sagen kann: Ja, das ist die anthroposophische Bewegung.

Sie werden wohl wissen, dass so, wie ich es sehe, die anthroposophische Bewegung etwas ganz von der Anthroposophischen Gesellschaft Verschiedenes ist und dass wir in unserer Zeit nicht mehr sagen können, dass die beiden vereinigt sind. Und ich werde versuchen, das heute zu begründen, aber eigentlich vor allem zu beschreiben, was für mich im Lauf der Zeit ganz deutlich geworden ist: das ist anthroposophische Bewegung.

Rudolf Steiner hat bei der Neubegründung der Anthroposophischen Gesellschaft in der Weihnachtstagung 1923/24 verschiedene Vorträge und auch eine Eröffnungsansprache gehalten. Diese Texte sind abgedruckt in GA 260, *Die Weihnachtstagung zur Begründung der Allgemeinen Anthroposophischen Gesellschaft*. Da ist es dann auf Seite 34 und folgenden mehrmals der Fall, dass Rudolf Steiner die Worte ‚*anthroposophische Bewegung*' verwendet. Daraus kann man eigentlich schon etwas entnehmen, damit möchte ich dann also den Anfang machen.

Er gibt zuerst eine Art Situationsskizze und sagt dann:

‚Denken wir uns zunächst heraus aus unserer unmittelbarsten Situation. Wir mußten Sie einladen in diesen Holzverschlag. Wir mußten ihn provisorisch in zwei Tagen aufführen, weil uns erst da klar werden konnte, welche Fülle unserer Freunde erscheinen werde in diesen Tagen. Wir mußten diesen provisorischen Holzverschlag nebenan aufrichten. Und ich kann ja nicht anstehen zu sagen: Diese äußere Umhüllung unserer Versammlung stellt sich ja auch nicht anders dar als das Heim mitten in einem Trümmerhaufen, als ärmliches, furchtbar ärmliches Heim. Die Introduktion hat ja gestern damit begonnen, daß unsere Freunde in dem, was wir ihnen hier bieten konnten, furchtbar gefroren haben. Aber auch diesen Frost, der aus vielem hervorgehen könnte, was Sie hier trifft, meine lieben Freunde, wollen wir hinzurechnen zu dem, was Maja, was Illusion ist. Und je mehr wir uns hineinfinden können in diese Stimmung, daß das Äußere, was uns hier umgibt, Maja, Illusion ist, desto besser werden wir jene tatkräftige Stimmung entwickeln, die wir für die nächsten Tage hier brauchen, jene Stimmung, die in keiner Weise negativ sein kann, jene Stimmung, die in jeder Einzelheit durchaus positiv sein muß. Und ich möchte sagen: Jetzt, ein Jahr nachdem die Feuerflammen hier aus unserer Kuppel des Goetheanums herausgeschlagen haben, jetzt darf uns dasjenige erscheinen, was im Geistigen in den zwanzig Jahren des Bestehens der anthroposophischen Bewegung gebaut worden ist, nun nicht wie verzehrende Flammen, sondern es kann wie aufbauende Flammen vor unseren Herzen, vor unseren Seelenaugen stehen. Denn überall kann uns aus dem, was der geistige Inhalt der anthroposophischen Bewegung ist, Wärme anmuten, Wärme, die imstande sein kann, unzählige Samen, die für das Geistesleben der Zukunft gerade der Boden von Dornach und was zu ihm gehört, birgt, zu beleben. Und unzählige Samen der Zukunft können durch diese Wärme, die uns hier umgeben kann, ihre Reife zu entfalten beginnen, so daß sie einmal als Vollfrüchte durch dasjenige, was wir für sie tun wollen, vor der Welt stehen können.

Denn heute mehr als je können wir dessen eingedenk sein, daß eine solche geistige Bewegung, wie diejenige ist, die wir mit dem Namen der anthroposophischen umschließen, keine aus irdischer Willkür heraus geborene ist. Und damit möchte ich gleich im Anfange unserer Tagung beginnen, darauf aufmerksam zu machen, daß es eben das letzte Drittel des 19. Jahrhunderts war, wo auf der einen Seite die Wogen des Materialismus hoch gingen, und wo in diese Wogen des Materialismus hineinschlug von der anderen Seite der Welt eine großartige Offenbarung: die Offenbarung eines Geistigen, die derjenige, der eine empfängliche Gemütsauffassung hat, empfangen kann von Mächten des Geistesleben. Eröffnet hat sich die Offenbarung eines Geistigen für die Menschheit. Und nicht aus irdischer Willkür, sondern aus der Befolgung des Rufes, der aus der geistigen Welt heraus erklungen hat, nicht aus irdischer Willkür, sondern im Anblick der großartigen Bilder, die aus der geistigen Welt heraus sich als die neuzeitlichen Offenbarungen ergaben für das Geistesleben der Menschheit, daraus ist der Impuls für die anthroposophische Bewegung erflossen. Diese anthroposophische Bewegung ist nicht ein Erdendienst, diese anthroposophische Bewegung ist in ihrer Ganzheit mit all ihren Einzelheiten ein Götter-, ein Gottesdienst. Und die richtige Stimmung für sie treffen wir, wenn wir sie ansehen in ihrer Gänze als einen solchen Gottesdienst. Und als einen solchen wollen wir sie in unsere Herzen aufnehmen im Beginne dieser unserer Tagung, wollen in unsere Herzen tief einschreiben, daß diese anthroposophische Bewegung die Seele eines jeden Einzelnen, der sich ihr widmet, verbinden möchte mit den Urquellen alles Menschlichen in der geistigen Welt, daß diese anthroposophische Bewegung den Menschen hinführen möchte zu jener letzten, für ihn vorläufig in der Menschheitsentwickelung der Erde befriedigenden Erleuchtung, die sich über die begonnene Offenbarung kleiden kann in die Worte: Ja, das bin ich als Mensch, als gottgewollter Mensch auf Erden, als gottgewollter Mensch im Weltenall.‘

In dieser Zeit hatte Rudolf Steiner natürlich noch nicht die Karmavorträge gehalten, die kamen im Jahr danach. Und darin hat er dann auch an verschiedenen Orten über das Karma der anthroposophischen Bewegung gesprochen. Und er spricht dann über deren Vorbereitung im Himmel, könnte man sagen, wo – nachdem schon im 15./16. Jahrhundert ein himmlisches Konzil abgehalten war – dann im 19. Jahrhundert, am Anfang dieses Jahrhunderts, im Himmel eine übersinnliche Schule gegründet worden ist. Und man darf vielleicht sagen, dass wir so, wie wir hier sitzen, alle Schüler in dieser Schule gewesen sind und noch immer sind, dass wir als Individualitäten dabei gewesen sind bei diesen Michaeloffenbarungen im Himmel.

Und in den Karmavorträgen hat Rudolf Steiner dann zum Beispiel gesagt, dass der große Dichter Goethe Bilder von dieser Schule aufgefangen hat und dass er diese Bilder in der höchsten Leistung, die er vollzogen hat, zusammenbrachte: in dem *Märchen von der grünen Schlange und der schönen Lilie*. Diese Bilder, die Goethe empfangen hat, sind Bilder dieser Offenbarung der Michaelschule, der himmlischen Schule, die in einem imaginativen Kultus in dieser Zeit herunterflossen. Und es ist dann bemerkenswert, dass Rudolf Steiner, als er seine Mysteriendramen zu schreiben begann, Vorstudien geschrieben hat, wo die Hauptfiguren der Mysteriendramen noch ganz den Figuren in Goethes Märchen entsprechen. Da heißt Maria noch die Lilie, Johannes ist der Jüngling, die Schlange ist die andere Maria und die Irrlichter sind Strader und Capesius. Das ist sehr interessant – interessant ist nicht das richtige Wort, man könnte besser sagen wirklich erschütternd –, wenn man diese Vorstudien in sich aufnimmt und dann von Rudolf Steiner zu hören bekommt, dass dieses Märchen ein Ausdruck desjenigen ist, was in der übersinnlichen Michaelschule gelehrt worden ist.

Da sehen wir also schon, dass dasjenige, was in dieser übersinnlichen Schule gelehrt worden ist, aus dem imaginativen Kultus im Übergang vom 18. ins 19. Jahrhundert auf Erden heruntergeträufelt ist und dass empfindliche Seelen das schon aufgenommen haben, bevor Rudolf Steiner seine Wirksamkeit entfaltet hat. Also die anthroposophische Bewegung, könnte man sagen, war in gewissem Sinne schon da, bevor die Anthroposophie wirklich auf die Erde gekommen ist. In dem Buch *Vom Menschenrätsel* hat Rudolf Steiner eine ganze Reihe deutscher und österreichischer Persönlichkeiten beschrieben, die eigentlich alle schon diese anthroposophische Bewegung erkannt haben – das war im 19. Jahrhundert, zwischen der Zeit des Idealismus und der Zeit von Rudolf Steiner, wo es viele große, aber oft unbekannte Schriftsteller, Hochschullehrer und auch Priester gegeben hat, die das Wesentliche dieser Michaeloffenbarung schon in sich getragen haben und das eigentlich als eine Art Prophezeiung aufgeschrieben haben. Obwohl sie es wahrscheinlich noch nicht selbst verwirklichen konnten, konnten sie doch schon beschreiben, was kommen musste.

Und wenn man so durch Jahre hindurch sein Leben der Anthroposophie widmet, dann begegnet man allen möglichen Figuren und

Persönlichkeiten, die in der Zeit Rudolf Steiners mit ihm gesprochen haben. Und ich habe immer einen gewissen Vorbehalt, eine Art Vorsicht, dasjenige, was in Gesprächen mit Rudolf Steiner sich abgespielt hat und dann nachher aufgeschrieben worden ist, ganz buchstäblich für wahr zu halten – weil wir natürlich wissen, dass, wenn wir in einem Gespräch, in einem Austausch der Gedanken sind, bei weitem nicht immer auch ganz genau festgehalten wird, was nun eigentlich gesagt wurde, und dass oft auch ein bisschen die Färbung der zuhörenden Person dazukommt. Also all diese Zeugnisse von Menschen, die mit Rudolf Steiner gesprochen haben, sind natürlich weniger sicher als seine eigenen Aussagen, die stenographiert mitgeschrieben sind. Aber wir sind nicht nur abhängig von der Wahrnehmung – das sind in diesem Sinn die Schriften, das, was aufgeschrieben ist –, sondern wir haben selbst natürlich auch noch eine Denkfähigkeit und können dadurch, dass man durch Jahre hindurch von vielen Seiten allerlei Gespräche über das, was sich zugetragen hat, aufnimmt, doch schon selbst ein wenig feststellen, was stimmt und was nicht stimmt – ganz vorsichtig gesagt.

Ich habe beim Kennenlernen der Anthroposophie nie das Bedürfnis gehabt, mich für diese oder jene Gruppe innerhalb der Anthroposophischen Gesellschaft zu entscheiden. Wir – mein Mann und ich – haben den größten Teil der anthroposophischen Studienjahre, könnte man sagen, in Den Haag verbracht, und da gab es eine sehr scharfe Zweiteilung der Gesellschaft, obwohl die beiden Teile natürlich doch auch miteinander kommunizierten. Merkwürdig war – es war nicht so merkwürdig, dass die größte Abteilung mehr Ita Wegman gewidmet war, denn es ist natürlich Holland und diese Abteilung hatte ihr Heim im Haus von Willem Zeylmans. Aber das Merkwürdige war – das war doch ein bisschen komisch, humorvoll eigentlich –, dass in demselben Haus auch die Akademie für Eurythmie war. Da war die Spaltung also eigentlich überwunden, denn in dem Haus, wo die Abteilung Ita Wegman und die Mitgliederabende usw. waren, war auch die Akademie für Eurythmie gegründet worden. In einem anderen Viertel der Stadt gab es die Marie Steiner Abteilung, die viel kleiner war, viel intimer auch. Wir haben sie beide immer wieder besucht, denn hier fanden wir das Eine besser und da das Andere. Und wir haben nie auch nur eine Neigung gespürt, zu wählen und zu sagen: Ich fühle mich zu dieser oder jener Person mehr hingezogen. Und wir haben anfangs eigentlich auch nicht richtig verstanden, was sich eigentlich abspielte.

Aber wir hatten einen Lehrer, darf ich wohl sagen, er war auch ein Hausarzt, aber viel älter als wir, und er war seit Jahren Vorsitzender der anthroposophischen Ärztevereinigung in den Niederlanden gewesen. Er hatte eine lodernde Begeisterung für Rudolf Steiner und Ita Wegman. Und dadurch wurde uns allmählich bekannt, dass es große Schwierigkeiten gegeben hatte. Er reiste viel durch Deutschland, auch nach Dornach, besuchte da Ärzteversammlungen und hat feurig für Ita Wegman plädiert. Ja, so geht das dann in einem Leben, in unserem Leben, dass erst spät deutlich geworden ist, dass da Probleme in der Gesellschaft gewesen sind.

In der Zwischenzeit habe ich zum Beispiel Berichte von Walter Johannes Stein gelesen, der Gespräche mit Rudolf Steiner geführt hat. Er war ein Mann, der viel gewagt hat, das ist natürlich auch problematisch geworden, aber andererseits ist es auch eine Qualität, wenn jemand viel wagt. Und er hat also auch Rudolf Steiner gegenüber gewagte Fragen gestellt. Das Wunderbare ist dann, dass Rudolf Steiner das scheinbar sehr gerne hatte, denn er ging dann auch sehr ausführlich auf diese Fragen ein.

Für uns existiert die Spaltung, die Jahre hindurch in der Anthroposophischen Gesellschaft gelebt hat, nur geschichtlich; natürlich ist es eine Tatsache, aber es hat für uns keine bestimmende Wirkung. Und ich zitiere ebenso gern Walter Johannes Stein wie zum Beispiel Marie Savitch. Uns ist die Geschichte natürlich schon bekannt, aber, ich möchte sagen: Wenn wir eine anthroposophische Bewegung auf Erden haben wollen, müssen wir damit rechnen, dass dasjenige, was auf Erden geschieht, auch im Himmel eine Art Regie hat. Und dasjenige, was auf Erden zu viel von der Regie abweicht, wird im Himmel wieder in Ordnung gebracht, so dass es dann nachher auch auf Erden wieder besser geht. Also ich zitiere jetzt Walter Johannes Stein. Ich habe das in meinem Buch *Rudolf Steiner. Eine spirituelle Biographie* auch beschrieben, dort aber viel kürzer. Und hier in diesem Buch *Dokumentation eines wegweisenden Zusammenwirkens: Walter Johannes Stein – Rudolf Steiner* wird ein Gespräch zwischen beiden abgedruckt:[1]

‚So waren in Rudolf Steiners Leben zwei Strömungen der Geschichte verwoben, eine durch ihn selbst, eine durch all das repräsentiert, was in Karl Julius Schröers Individualität weste. Gerade indem Rudolf Steiner das eine dem anderen in freier Entschließung hinopferte, erstand ihm die ‚Anthroposophie'.'

Er [Rudolf Steiner] sagte: ‚In jedem Freiheitserlebnis sind drei Dinge verwoben. Sie erscheinen als Einheit im Moment, wo das Erlebnis sich ereignet, aber der nachherige Gang des Lebens läßt sie getrennt bewußt werden. Man erlebt das, was man zu tun hat, als inneres Bild, das in freier moralischer Phantasietätigkeit vor einem aufsteigt. Als eine wahre Imagination erscheint, was man zu tun sich entschließt, weil man es liebenswert finden muß. Das Zweite, was in dem einheitlichen Erlebnis enthalten ist, ist der Impuls, daß man von höheren Mächten ermahnt wird, dem im Innern Aufkeimenden zu folgen. ‚Tue es' sagen die inneren Stimmen, und das Gewahrwerden derselben ist eine wahre Inspiration. Aber noch ein drittes Element ist dem einheitlichen Erlebnis einverwoben. Man stellt sich durch die Tat in eine äußere Schicksalsumgebung hinein, in die man ohne das Freiheitserlebnis niemals eingetreten wäre. Man begegnet jetzt anderen Menschen, wird an andere Orte geführt, dadurch, daß das innere intuitiv Erfaßte nun zur schicksalhaft von außen herantretenden Umgebung wird. Die Situation einer wahren Intuition ergibt sich.' – ‚Sehen Sie', fuhr Rudolf Steiner fort, ‚diese drei ineinander verwobenen Erlebnisse haben sich nachher auseinandergelegt, sind isoliert bewußt geworden, so daß die Imagination und die Inspiration und die Intuition als Erkenntnisakte bewußt wurden.' – Und dieses nachträgliche Bewußtwerden dessen, was im Moment der Freiheitstat Schröer gegenüber erlebt wurde, indem Rudolf Steiner sich in das Schröersche Schicksal hineinstellte, das ist die Anthroposophie. ‚Die Anthroposophie', sagte er, ‚ist ein Mensch. Es ist dieser Mensch, der durch die Freiheitstat geschaffen wird.'

---

[1] S. 298 f.

Zuvor hatte er, Rudolf Steiner, erzählt, dass er in seinem Leben, als er jung war, als er Student war, erlebte, dass zwei Kräfte in ihm gewaltet haben. Die eine Kraft war sein eigenes Schicksal und die andere Kraft war das Schicksal von Karl Julius Schröer. Er hat dann in der Art, wie er es beschreibt, wie er zu diesem Freiheitsakt gekommen ist, sich entschlossen, dasjenige zu tun, was Karl Julius Schröer in dieser Inkarnation nicht tun konnte. Schröer war in seiner Ergebenheit gegenüber Goethe ganz dem *Inhalt* der Goetheschen Arbeit gewidmet. Und Rudolf Steiner fand, erkannte, dass es notwendig war, auch die *Geistesart* von Goethe zu beschreiben; dies auch zu untersuchen – und das tat Karl Julius Schröer nicht, er war ganz mit dem Inhalt verbunden und schaute nicht auf die Geistesart Goethes. Rudolf Steiner erkannte, dass dasjenige, was in ihm selbst als schicksalsmäßiges Erkennen lebte, verschieden war von der Erkenntnisart, die in Schröer lebte. Und er wusste: Das ist nicht nur eine Verschiedenheit, die mit zwei Individualitäten zu tun hat – die immer verschieden eingestellt sind –, sondern das ist eine geschichtliche Tatsache, dass diese zwei Strömungen unterschieden sind. Und er schaute in Schröer, dass er der Vertreter der platonischen Geistesart war, und er erkannte, dass es am Ende des 19. Jahrhunderts für den Platonismus nicht mehr möglich war, die Brücke zwischen der Ideenwelt, der platonischen, geistigen Ideenwelt, und der irdischen Welt zu finden. Er sah in der Persönlichkeit von Karl Julius Schröer dieses Problem eigentlich sich ausleben: eine wunderbare Ideenwelt im Innern dieses Menschen, aber in ihm war nicht die tätige Kraft, dasjenige, was als Ideenwelt in ihm lebte, auch auf Erden zu verwirklichen. Und das hat Rudolf Steiner dann nicht nur als ein Problem von Schröer allein angeschaut, sondern er hat es als ein Menschheitsproblem angeschaut.

‚Solche Gedanken waren es, die ihn anregten, sich mit Goethes Märchen von der schönen Lilie und der grünen Schlange zu beschäftigen. Er [Rudolf Steiner] sah das Reich der Lilie, das heißt des Geistes, innerhalb der platonisierenden Strömung so wirkend, daß die Berührung mit der Gegenwart nicht lebensvoll stattfinden konnte. Er sah die grüne Schlange, welche die Brücke bilden sollte zwischen der Welt des Geistes und der Sinneswelt, zu dem Entschluß getrieben, sich zu opfern. Der Gedanke an dieses Opfer lebte in seiner Seele. ‚Die Stimmung, mit der ich in Weimar eintrat', so erzählt er im ‚Lebensgang', ‚war gefärbt von meiner vorangehenden eingehenden Beschäftigung mit dem Platonismus. Ich meine, daß mir diese Stimmung viel geholfen hat, mich in meiner Aufgabe im Goethe- und Schiller-Archiv zurechtzufinden. Wie lebte Platon in der Ideenwelt, und wie Goethe? Das beschäftigte mich, wenn ich die Gänge von und zum Archiv machte; es beschäftigte mich auch, wenn ich über den Papieren des Goethenachlasses saß.' Rudolf Steiner erkannte immer mehr, daß die Kluft zwischen Naturwissenschaft, ja Wissenschaft überhaupt, und Kunst und Religion zurückzuführen war auf die einseitige Nachwirkung des Platonismus. Er hat, was er über diesen Zusammenhang erkannte, deutlich in seinem Buch ‚Goethes Weltanschauung' ausgesprochen. Dort weist er auf Aristoteles. Er sagt, Plato habe die Menschheit einen Umweg geführt in der einseitigen Überschätzung der Ideenwelt. Bacon [Francis Bacon] habe dann den umgekehrten Platonismus geschaffen in der völligen Verkennung der Bedeutung der Idee, in dem einseitigen Nur-sich-Stützen auf die Sinneswelt. Daß die Wirklichkeit in harmonischer Balance beider liegt und daß Aristoteles diesen Weg gewiesen hatte, durchschaute er. Ich fragte Rudolf Steiner, wie er selbst seine philosophische Anschauung als in der Geschichte der Philosophie stehend ansehe. Er antwortete: ‚Ich habe zwei Elemente verbunden. Von Johann Gottlieb Fichte lernte ich die Tathandlung, die von der Außenwelt zurückgezogene Ich-Aktivität. Aber von Aristoteles nahm ich die Fülle der alles umfassenden Empirie. Nur wer Fichte durch Aristoteles zu ergänzen weiß, findet die volle Wirklichkeit, und das war mein Weg.' [2]

Rudolf Steiner hat das Buch *Goethes Weltanschauung* geschrieben, und darin zeichnet er sehr deutlich dasjenige, was Goethes Individualität geschaffen hat und auch, wie er das gemacht hat, wie er zum Beispiel zu der Idee der Urpflanze gekommen ist. Aber zugleich schildert Rudolf Steiner da auch, dass ein bestimmter Akt von Goethe nicht vollführt wurde, der durch die platonische Schule auch nicht mehr vollführt werden konnte. Rudolf Steiner erkannte die Notwendigkeit, dass etwas geschehen musste, wodurch die Brücke

---

[2] Ebd.

zwischen der geistigen Ideenwelt und dem Irdischen gebaut werden würde.

In diesem Buch *Goethes Weltanschauung* weist Rudolf Steiner auch auf Aristoteles hin. Bereits im Altertum war natürlich eine Differenz zwischen Platon und Aristoteles notwendigerweise da, und man muss sich das aristotelische Prinzip dann so vorstellen, dass die Ideenwelt nicht geleugnet wird, Aristoteles hat eine Begriffswelt ganz und gar anerkannt, aber es ist so, dass er diese Begriffswelt als durch die äußere Wahrnehmung, die Sinneswahrnehmung entzündet empfunden hat. Und später in der Geschichte kommt dann, als eine Reaktion auf den Platonismus, Lord Bacon zum Vorschein. Er proklamiert etwas, was man wiederum ganz anders auffassen muss. Er weist auch auf die Wahrnehmung hin, so wie Aristoteles das auch gemacht hat, aber er leugnet die Ideenwelt. Er geht also davon aus, dass der Mensch in seinem Denken, in seiner geistigen Betätigung, in seinen Gedanken nur subjektiv ist und nicht imstande ist, zu einer objektiven Erkenntnis zu kommen, während für Aristoteles diese Denkwelt gerade von größter Wichtigkeit war.

So haben wir dann zwei Empiristen, zwei Männer, die sich in die tatsächliche Wahrnehmungswelt stellen und sagen: die Erkenntnis muss aus der Wahrnehmung kommen. Nur ist bei Aristoteles das Geistige noch ganz erfüllt von einer Ideenwelt, und bei Lord Bacon ist diese Ideenwelt herabgezogen zu einer Welt der Idole, subjektiver, fast verspotteter Begriffe.

In dieser Situation hat Rudolf Steiner sich empfunden. Einerseits gab es einen machtlosen Platonismus, aber erfüllt von geistigem Reichtum, und andererseits gab es den ‚Baconismus', der in der Naturwissenschaft ganz stark geworden war, wo die Wahrnehmungswelt in alles beherrschender Weise ernst genommen wird und dasjenige, was der Mensch innerlich als Gedanken hat, eigentlich verspottet wird.

Rudolf Steiner hat empfunden, dass er eine Tat vollbringen musste.

Das war nicht nur diese äußerliche Tat – die natürlich doch eine innerliche war –, dass er das Erkenntnisschicksal von Schröer auf sich genommen hat, sondern es war auch eine wirkliche innere Erkenntnis, die er gehabt hat. Und das war, dass er eingesehen hat, dass der Aristotelismus in unserer Zeit – schon in seiner Zeit und in unserer Zeit noch stärker – nicht mehr die Kraft hat, sich zu dem Geist zu erheben, und dass dieser Aristotelismus durch Fichte ergänzt werden muss.

Im Anfang meiner Arbeit mit der Anthroposophie habe ich den Aufsatz *Philosophie und Anthroposophie* [3] gefunden, und wenn man in der Anthroposophie noch ein ‚Jüngling' ist, ist das alles sehr spannend, und man fühlt: Hier ist das Wesentliche, ich kann es noch nicht ganz fassen und weiß dennoch, *hier steht es*. Wenn ich das verstehen kann, dann habe ich verstanden, was anthroposophische Bewegung ist, es steht im Aufsatz *Philosophie und Anthroposophie*, es steht auch hier in diesem Gespräch von Walter Johannes Stein mit Rudolf Steiner. Und man kann sagen – und das ist eigentlich das Radikale dieser Einsicht –, man kann sagen, dass es Rudolf Steiner ganz allein ist – natürlich nicht von der geistigen Welt verlassen, aber als Mensch auf Erden ganz allein –, der den Platonismus und den Aristotelismus durch das ‚Band Fichte' vereinigt hat. Dasjenige, was er dann später in den Karmavorträgen über das Karma der anthroposophischen Bewegung ausführt – das ist dann 1924 –, das hat er geistig hier schon vollzogen. Und wenn man das versteht, dann versteht man auch, dass die äußerliche Vollendung durch die Anthroposophen geschehen muss, aber er hat es schon getan. Es ist also nicht so, dass die platonische Strömung und die aristotelische Strömung noch immer zwei isolierte Strömungen sind, die sich nicht berühren, denn Rudolf Steiner hat durch diese Freiheitstat in seinem Verhältnis zu Karl Julius Schröer diese beiden Strömungen von Aristoteles und Platon bis in die Individualitäten, aber auch bis in die Geistesart hinein vereinigt.

Wenn wir *das richtig verstehen*, können wir sagen: die anthroposo-

---

[3] Rudolf Steiner, Philosophie und Anthroposophie, GA 35.

phische Bewegung ist diese Vereinigung von Platonismus und Aristotelismus mit Hilfe von Fichtes Tathandlung des Ich, die sich durch die Freiheitstat Rudolf Steiners ereignet hat. Und Rudolf Steiner sagt, dass seine ‚Philosophie der Freiheit' eigentlich ein biographisches Dokument ist, in dem er das Wesentliche dieser Freiheitstat beschrieben hat. Es ist also nicht nur eine philosophische Schrift, sondern wirklich ein Dokument, in dem aufgeschrieben ist, was er in dieser Freiheitstat gemacht hat. Das ist die Anthroposophie, das ist die anthroposophische Bewegung. Und sie kann auf Erden nur dann da sein, wenn das, was Rudolf Steiner vorgemacht hat, nachvollzogen wird.

Wenn wir dann in einer lebendigen Weise verstehen wollen, was das nun eigentlich ist, diese Erneuerung des Platonismus und des Aristotelismus, so dass sie durch den Akt der Tathandlung, wie Fichte sie beschreibt, miteinander, einander befruchtend, weiterleben können, brauchen wir eine tiefere meditative Arbeit, so dass in uns selbst erscheinen kann, was diese Ideenwelt von Platon dem Erleben nach eigentlich ist, wie diese Ideenwelt keine Macht, keine Kraft hat, auf Erden wirksam zu werden, weil das Denken der Idee nur kraftloses Bild ist, und wie wir dann den Empirismus von Aristoteles brauchen, aber nun nicht angewendet auf die Wahrnehmung der Außenwelt, sondern zuerst angewendet auf die Wahrnehmung und den Begriff des eigenen Ich.

Und ich stelle mir vor, dass wir das heute versuchen. Vielleicht gelingt es einigermaßen, dass wir, wenn wir um 17 Uhr hier weggehen, zurückschauen auf mehr als eine Ahnung, was Rudolf Steiner in dieser Vereinigung seiner Individualität mit dem Schicksal von Karl Julius Schröer, vor allem auch in geistigem Sinn, eigentlich getan hat. Und wenn wir das erfassen, wenn das in uns lebendig wird, dann ist die anthroposophische Bewegung erkannt und auch wirklich da.

Und das ist eine ganz andere Anschauung der anthroposophischen Bewegung, als wenn man mehr äußerlich anschaut; als alles, was sich anthroposophisch bewegt. Das kann man natürlich auch sagen: Alles was sich anthroposophisch bewegt, ist anthroposophische Bewegung. Aber ich sehe das wirklich anders.

Wenn wir Rudolf Steiner bei der Weihnachtstagung sprechen hören, dann spricht er ganz deutlich aus, dass zuvor die anthroposophische Bewegung bei ihm war und dass sie insoweit bei der Gesellschaft war, als er sie spendete. Und dass dadurch, dass er mit der Weihnachtstagung, mit der Neubegründung der Anthroposophischen Gesellschaft ihren Vorsitz übernahm, die konkrete anthroposophische Bewegung, *die er war*, sich mit der Gesellschaft als eine Tat verbunden hat. Ein Gralsgeschehen, könnte man sagen, ist das, wobei gehofft wurde, dass die Anthroposophische Gesellschaft die Schale bilden würde und dass dasjenige, was in den Gral hineinströmt – durch Rudolf Steiners Vorsitz, durch ihn hindurch –, durch die individuellen Herzen der Gralsritter geströmt wäre. Man kann sich vorstellen, was für eine konkrete Bewegung hier gedacht und erhofft war. Eine Gesellschaft von Menschen, die sich vereinigen und die die anthroposophische Bewegung dadurch empfangen, dass derjenige, der diese anthroposophische Bewegung trägt oder sogar ist, sie spendet, wodurch durch ihn hindurch auch die Mitglieder von der anthroposophischen Bewegung berührt werden konnten.

Es gibt dann beim Tod Rudolf Steiners natürlich ganz verschiedene Empfindungen über das, was geschehen ist. Man kann sagen – es ist natürlich sehr kompliziert –: Derjenige, der als Vorsitzender die anthroposophische Bewegung trug, ist von uns gegangen, also ist auch die anthroposophische Bewegung von uns gegangen. Das ist eine Möglichkeit, das Geschehen zu empfinden. Aber man kann auch sagen: Das ist zu irdisch gedacht, Rudolf Steiner hat sich mit der Weihnachtstagung geistig mit den Seelen und Geistern der Mitglieder verbunden, und der Leib ist nicht das einzige Maßgebende, das macht, dass er seine Bewegung den Mitgliedern gibt.

Man kann sehr gut verstehen, dass in den auf Erden zurückgebliebenen Mitgliedern verschiedene Ansichten darüber entstanden sind, wie man es auffassen musste. Was ist der Fall? Geht der esoterische Zug, der die anthroposophische Bewegung ist, noch immer durch die Gesellschaft, oder hat das mit dem Tod von Rudolf Steiner aufgehört?

In diesem Streit, der dann entsteht, kann man sich ganz verlieren. Wenn man sich darin verliert, dann verliert man auch die ursprüngliche Einsicht in dasjenige, was eigentlich die anthroposophische Bewegung ist.

Deshalb möchte ich, dass wir uns heute aus diesem Streit zurückziehen, dass wir nicht darauf eingehen, sondern dass wir auf das Wesen der anthroposophischen Bewegung einzugehen versuchen, indem wir versuchen herauszufinden: Was hat Rudolf Steiner nun wirklich geistig-seelisch getan, so dass Platonismus und Aristotelismus durch Fichte verbunden worden sind und die Anthroposophie entstanden ist?

Einerseits gibt es also eine Tat Rudolf Steiners, eine moralische Tat, die dann der Grund zur ‚Philosophie der Freiheit' ist, aber andererseits gibt es auch eine philosophische Lösung, die dann nicht in der Philosophie steckenbleibt, sondern die die Philosophie erhebt zu, auferstehen lässt in eine Anthroposophie. Und so kann man dann diesen Titel verstehen, *Philosophie und Anthroposophie* – und man kann auch verstehen, dass es seitdem eigentlich die Philosophie nicht mehr braucht, dass sie auferstanden ist in eine Anthroposophie und dass seitdem die Philosophie eine, wie soll ich sagen, eine Art Schneckengehäuse ist, das noch übriggeblieben ist, aber die Schnecke ist heraus. Eine Nussschale, aber die Nuss ist heraus.

Soweit zunächst. Dann werden wir uns heute weiter konkret in diesen Schritt zu vertiefen versuchen, der also nicht nur ein philosophischer ist, obwohl wir den Schritt aus der Philosophie heraus tun müssen, damit sie Anthroposophie werden kann.

ZWEITE STUNDE

Zürich, 12. November 2016

Ja, das Erste ist dann die Frage – was ist nun eigentlich in unserer Zeit die Position der aristotelischen Philosophie?

Als ich jung war, hat mich das überhaupt nicht interessiert, ich wäre nie auf die Idee gekommen, so etwas zu studieren, aber durch die Bekanntschaft mit der Anthroposophie ist das plötzlich ein sehr spannendes Unternehmen geworden, ja, eigentlich auch das Schönste, was es im Studium geben kann, wenn man da erfassen kann, wie diese großen Figuren in der Geschichte weitergewirkt haben.

In diesem Aufsatz *Philosophie und Anthroposophie,*[4] in dem gleichnamigen Band, sagt Rudolf Steiner, dass Aristoteles nicht nur im Abendland seine Verbreitung gefunden hat, sondern natürlich auch im Morgenland. Und alles, was durch die Araber über Spanien nach Europa gebracht worden war, war in Bezug auf die Denktechnik durchtränkt von Aristotelismus. Wir müssen uns also vorstellen: Aristoteles in Athen, und dann gab es da Theophrast, der die mehr logischen Werke von Aristoteles in Europa verbreitete, und Alexander der Große, der mit seinen Zügen nach Asien den Aristotelismus, die naturwissenschaftlichen Schriften, in das Morgenland brachte. Ein großer Teil der naturwissenschaftlichen Schriften von Aristoteles wurde dann ins Arabische übersetzt. Diese wurden gar nicht in Europa gelesen und sind dann erst über den Umweg der Araber nach Spanien gekommen und wirkten von Spanien aus dann wieder auf Europa zurück.

Das kommt dann in der Zeit der Scholastik zusammen. Da haben wir Averroes in Cordoba, er schreibt aristotelische Schriften mit arabischer Tinktur, könnte man sagen, gefärbt durch das arabische Ge-

[4] GA 35.

fühlsleben. Wir haben Avicenna als arabischen Mediziner und Philosophen in Persien.

'Es war eine gewisse Form der Philosophie und der Naturwissenschaft, bis in die Medizin hineinreichend, was da herübergebracht worden war und was im eminentesten Sinn von aristotelischer Denktechnik durchdrungen worden war. Nun hatte sich von dorther die Meinung gebildet, dass gar nichts anderes als Konsequenz aus dem Aristotelismus folgen könne, als eine Art von Pantheismus, der namentlich in der Philosophie aus einer sehr verschwommenen Mystik entsprungen war. Man hatte also außer dem einen Grund, dass nämlich Aristoteles in der Denktechnik fortgelebt hatte, noch einen anderen, sich mit ihm zu befassen. In der Auslegung der Araber erschien die im Sinne des Aristoteles gehaltene Denkart als Gegner, als Feind des Christentums.'[5]

Da wird deutlich – das muss man eigentlich mit seinen Knochen erleben, so tief wie nur möglich –, wie dieser vorchristliche Aristotelismus dann arabisiert wird und dann solche Züge hat, die antichristlich zu sein scheinen. Es ist dann eine Tätigkeit von zum Beispiel Thomas von Aquin gewesen, diese arabischen Schriften zu widerlegen, und er tut das nicht aus sich heraus, sondern er tut es *mit Aristoteles*. Er verwendet den Aristotelismus, um zu widerlegen, was die Araber mit dem Aristotelismus gemacht haben. So gibt es eine Schrift von Thomas von Aquin gegen Averroes,[6] und ihr Gegenstand ist Aristoteles' Buch *Über die Seele*. Aristoteles hat darin seine Anschauungen über das Verhältnis der menschlichen Seele zum Leib und zur Intelligenz ausgeführt.

Für Aristoteles war die Zeit gekommen, dass er nicht mehr eine vorgeburtliche Existenz annehmen konnte, wie Platon das noch konnte. Er stellt sich vor, dass die menschliche Seele bei der Konzeption von Gott geschaffen wird, aber von diesem Punkt an ist die Seele ewig; also sie ist nicht zur Vergangenheit hin ewig, aber in die Zukunft hinein

---

[5] Walter Johannes Stein, Dokumentation eines wegweisenden Zusammenwirkens.

[6] Thomas von Aquin, *Über die Einheit des Intellekts.*

ist sie ewig. Er beschreibt dann, was man sich bei dieser menschlichen Seele vorzustellen hat, das ist der Inhalt dieses Buches über die Seele.

Averroes hat dieses Buch interpretiert, und er macht es so, dass er durch Aristoteles zeigen kann, dass es keine Individualitäten gibt, sondern dass es nur eine Allseele, einen Allgeist gibt, der gleichsam Tropfen in die erblichen Linien ausgießt. Die Individualisierung kommt dann nicht aus dem Geist, sondern kommt aus dem Leib. Das ist eigentlich schon eine sehr frühe genetische Ansicht, nur hat Averroes die Seele noch als eine reale übersinnliche Macht vor Augen, aber nicht eine individuelle, sondern eine allgemeine geistig-seelische Wesenheit, die sich in der erblichen Anlage individualisiert.

Das geht letztendlich so weit, dass eigentlich auch alle selbständige Moralität verschwindet, denn man muss sich dann vorstellen, dass es, wenn ein Mensch falsch denkt, der Leib ist, der falsch denkt, und man kann dann eigentlich nichts dafür, es ist dann eigentlich eher eine Krankheit, als dass es ein moralischer Fehler wäre. Das hat natürlich Folgen in Bezug darauf, wie man den Menschen sieht. Man kann versuchen, sich das vorzustellen: Ich bin ein Mensch, und ich bin nach Averroes so konstituiert, dass in mir etwas allgemein Seelisch-Geistiges wirksam ist, das aber durch den Leib modifiziert wird, und der Leib ist letztendlich das Individuelle. Wenn der Leib abfällt, bleibt die allgemeine Geist-Seele übrig und vereinigt sich wieder mit dem All-Geist, und es bleibt dann eigentlich nichts von mir übrig als nur das, was als Allgemeines in mir wirksam gewesen ist.

Dagegen beginnt dann Thomas von Aquin einen harten Kampf. Und er führt diesen Kampf so, dass er den ursprünglichen Text von Aristoteles nimmt und dann Schritt für Schritt zeigt, dass Aristoteles das so nicht gesagt hat, wirklich bis in die einzelnen Worte geht das, so genau.

Dann entsteht eine ganz andere Anschauung des Menschen. Natürlich bleibt es so, dass das Vorgeburtliche nicht anerkannt wird, aber das konnte Thomas von Aquin natürlich auch nicht, das war in dieser Zeit ein Untergrundstrom geworden. Aber er zeigt dann mit Aristoteles, dass dieser es ganz anders gesagt hat, nämlich, dass die rein menschliche Seele bei der Konzeption von Gott geschaffen wird, aber als individuelle Geistseele, als menschliche Seele, als anima humana. Und dass nicht der Leib das Individualisieren bestimmt, sondern dass die individuelle Seele Form des Leibes ist, ganz andersherum. Wenn wir also einander begegnen und wir schauen uns an, dann sehen wir in der Anschauung eine zum Leib gewordene menschliche Seele.

Rudolf Steiner sagt hier eigentlich: Wenn man den Aristotelismus so deutet, wie die Araber das getan haben, dann kann das aristotelische Denken als Gegner, als Feind des Christentums erscheinen.

'Man mußte sich sagen, wenn das, was die Araber als Interpretation des Aristotelismus herübergebracht haben, wahr ist, dann wäre dieser Aristotelismus eine wissenschaftliche Grundlage die dazu geeignet wäre, das Christentum zu widerlegen. Nun stellen wir uns vor, was mußten demgegenüber die Scholastiker empfinden? Auf der einen Seite hielten sie fest an der Wahrheit des Christentums, auf der anderen aber konnten sie nach aller Tradition nicht anders, als eingestehen, dass die Logik, die Denktechnik des Aristoteles die wahre, die richtige sei.'

Das ist ein Problem, denn da hat man es also mit einer Denktechnik zu tun, von der man sagen muss: sie ist richtig, aber was durch diese Denktechnik bewiesen wird, ist Feind des Christentums.

'Aus diesem Zwiespalt heraus, ergab sich für die Scholastiker die Aufgabe: zu beweisen, daß man die Logik des Aristoteles anwenden könne, seine Philosophie treiben könne und daß man gerade durch ihn das Instrument habe, das Christentum wirklich zu begreifen und zu verstehen. Es war eine Aufgabe, die durch die Zeitentwicklung gestellt war, es mußte der Aristotelismus so behandelt werden, daß ersichtlich wurde: was als Lehre des Aristoteles von den Arabern gebracht worden war, ist nur eine mißverständliche Auffassung derselben. Daß man den Aristotelismus nun richtig deuten müsse, um in ihm das Fundament für das Begreifen des Christentums zu haben: das zu zeigen, war die Aufgabe, die sich die Scholastik stellte und der ein großer Teil des Schrifttums des Thomas von Aquino gewidmet ist.‘ [7]

2014 habe ich das Ringen von Thomas von Aquin in einem Vortrag in Rotterdam wie folgt dargestellt:

‚Nun ist es typisch aristotelisch, dass er sagt – und das wurde später absolut nicht mehr verstanden: Die Substanz, also dieses seiende Objekt, dieses seiende Ding oder diese seiende Person, hat Merkmale, hat Eigenschaften, hat einen bestimmten Ort und eine bestimmte Zeit, steht in einem Verhältnis zu anderen Dingen. All diese Kategorien spielen dabei eine Rolle. Das typisch Aristotelische ist: Das Wesen, das in dieser Substanz erscheint, die man also ist, das wird nicht von den übrigen Kategorien bestimmt, sondern das Wesen bestimmt selbst, welche Kategorien, welche Eigenschaften zu diesem Wesen gehören. Ich wünschte, dass das sehr genau verstanden oder gefühlt würde. Der Unterschied, ob man ein Ding – auch einen Menschen – als eine Zusammensetzung von Eigenschaften ansieht, wodurch dieses Ding so ist, wie es ist, oder ob man es durch das Wesen dieses Dinges bestimmt sieht, welche Eigenschaften es hat. Das ist später verloren gegangen. Bei Thomas von Aquin wird es noch einmal sehr stark betont, das habe ich das vorige Mal als Vortragsthema gehabt. Thomas von Aquin hat versucht, das Verschwinden dieser Einsicht zu verhindern. In einer bestimmten Schrift mit dem Namen „Über die Einheit des Intellekts“, der Intelligenz, hat er sich mit anderen Philosophen seiner Zeit auseinandergesetzt, vor allem mit arabischen Philosophen, die sich ebenfalls mit Aristoteles beschäftigten. Er hat gezeigt, wie die Interpretation dieser Philosophen in die Richtung geht, dass die Merkmale das Ding bestimmen, während Aristoteles es andersherum gesehen hat. Und dies gewinnt für Thomas dann vor allem in menschlicher Hinsicht die allergrößte Bedeutung, als er anhand des Textes von Aristoteles zeigt, dass dieser die Ansicht hatte, dass ein menschliches Wesen eine sensitive Seele hat, die das Tier auch hat – die Empfindungsseele, könnte man sagen –, dass aber die menschliche Seele auch einen höheren Teil hat, die Intelligenz. Das Interessante ist, dass Aristoteles nicht findet, dass die Intelligenz im Menschen nur wie ein hinzugefügtes Etwas anwesend ist, von dem man

[7] GA 35.

Gebrauch machen kann, sondern dass diese Intelligenz der Mensch selbst ist. Dass es also nicht so ist, dass man als Mensch intelligent ist, sondern dass man die Intelligenz ist. Und nun nicht in allgemeinem Sinne, so dass man wieder in eine allgemeine Intelligenz zurückkehren würde, wenn man stirbt, sondern dass man ein individualisierter Geist ist, diese individualisierte Intelligenz ist. Die Individualisierung tritt nach Aristoteles vom Geist aus in dem Leib auf. Diese Intelligenz hat keine Organe im Leib, es gibt nichts im Leib, was die Intelligenz als Organ braucht, sie ist also vollkommen leibfrei. Aber auf der anderen Seite ist die Intelligenz gerade die Form des Leibes. Das, was man als Mensch sieht, ist eine äußere Erscheinung dessen, was die Intelligenz tatsächlich ist. Und zugleich ist die Intelligenz nicht ein Instrument, um den Geist zu erkennen, sondern ist der Geist selbst. Das ist die Sicht von Aristoteles, und das ist eine Sicht in Bezug auf die Substanz, bei der man die Begriffe Wesen und Erscheinung braucht, dass nämlich das Wesen – sagen wir des Menschen – in seiner Erscheinung auch wirklich das wird, was es ist.‘ [8]

Nun ist es dann geschichtlich so gegangen, dass es innerhalb der katholischen Kirche natürlich nicht gestattet war, die Denktechnik von Aristoteles so weit zu treiben, dass man auch in ihr die geistige Welt finden könne. Das war verboten, das war eine Unmöglichkeit. Und obwohl man in der Arbeit von Thomas von Aquin Stellen findet, wo die Grenze dessen erreicht wird, was gestattet war – so dass man das Gefühl hat: oh, da geht er doch weit in seinem Mut, für die Denktechnik einzutreten –, hat er natürlich doch diese Unterscheidung machen müssen: Mit der Denktechnik kann man die Natur kennenlernen und kann man die Offenbarung ergründen, aber man kann damit nicht selbst bis in die geistige Welt denkend hineinkommen. Da blieb also das Dogma von Wissen und Glauben bestehen, es ist nicht überwunden, obwohl es wahrscheinlich für Thomas von Aquin selbst am Ende seines Lebend doch schon deutlich geworden ist, dass die geistige Welt in der Tätigkeit der anima humana selbst gefunden werden muss. Er sagt das eigentlich auch, aber er sagt es so, dass es noch gerade gesagt werden darf. Und es gibt eine Stelle in der Summa der Theologie, wo

---

[8] Mieke Mosmuller, Anthroposophie und die Kategorien des Aristoteles, Occident, 2014, S. 27.

er sagt, dass es doch als eine Möglichkeit gedacht werden kann, dass der Mensch durch das Denken Gott verstehen lernen kann. So etwas zu sagen, war eigentlich verboten, aber er sagt, fügt dann hinzu, dass man dies eigentlich doch für möglich halten kann, weil der Sohn von Gott selbst als Logos sich mit einem menschlichen Leib verbunden hat. Und man fühlt dann, dass er darin zeigen will, dass der Logos sich in dem Menschen inkarniert hat, und dass das dieselbe Bewegung ist, durch die der Mensch die Fähigkeit erlangt, sich mit seiner Menschlichkeit zur Erkenntnis Gottes zu erheben. In seiner *Summa Theologiae* schreibt Thomas von Aquin:

> ‚Dies aber, was über Gott oben vorgetragen wurde, haben mehrere Philosophen der Heiden scharfsinnig erwogen, obwohl etliche von ihnen bezüglich des Obengesagten irrten. Es wird uns aber in der Lehre der christlichen Religion noch anderes über Gott mitgeteilt, wozu sie nicht gelangen konnten, worüber wir aber gemäß dem christlichen Glauben über menschlichen Sinn hinaus unterrichtet werden, nämlich, dass Gott, obwohl Er ein einziger und einfacher ist … dennoch Gott Vater und Gott Sohn und Gott Heiliger Geist ist, und diese drei nicht drei Götter, sondern ein einziger Gott sind...'
> ‚Auch wird dem Menschen dadurch, durch die Menschwerdung Christi, ein gewisses Beispiel für jene selige Vereinigung gegeben, durch die der erschaffene Verstand mit dem unerschaffenen Geist im Verstehen vereinigt wird. Es bleibt nämlich nicht unglaublich, dass der Verstand des Geschöpfes mit Gott vereinigt werden kann, indem er dessen Wesen schaut, nachdem Gott mit dem Menschen vereinigt wurde, indem er seine Natur nahm. Dadurch wird auch in gewisser Weise die Gesamtheit des göttlichen Werkes vollendet, indem der Mensch, der zuletzt erschaffen wurde, in einer Art Kreislauf zu seinem Ursprung zurückkehrt, nachdem er durch das Werk der Menschwerdung mit eben dem Ursprung der Dinge vereinigt ist.' [9]

Das sind tiefgehende Texte, die auch sehr viel dabei helfen können, dann letztendlich die Verwandlung dessen zu verstehen, die in Rudolf Steiner stattfindet, und dann auch zu verstehen, was dieser Mensch in sich getragen hat und wie das, was er in sich getragen hat, reif war,

[9] Zitiert nach: Berthold Wulf, Die Kategorien des Aristoteles, Okeanos-Verlag 1988, S. 118.

die Offenbarung der geistigen Welt denkend zu empfangen. Nicht mehr als eine Vision oder als eine Entrücktheit, eine religiöse Ekstase – sondern in dem voll gehaltenen geistigen Denken.

Wie es dann aber immer geschieht, ist der Aristotelismus im Laufe der Geschichte dogmatisiert worden. Es gibt das Beispiel, dass Aristoteles gesagt hat, dass die Nerven aus dem Herzen hervorgehen – und dass dann bei einer Sektion gezeigt wurde, dass die Nerven aus dem Gehirn hervorgehen. Der Aristoteliker sagt dann: ‚Ja, das kann sein, ich sehe es, aber trotzdem erkenne ich es nicht an, denn Aristoteles hat gesagt…'

Soweit ging das damals, und dann wurde es natürlich zu einer Plage, der Aristoteles, und musste Bacon kommen, um die ganze ‚unsinnige Denkwelt' umzuhauen und die Aufmerksamkeit ganz in die Wahrnehmung zu verlegen.

Aber Rudolf Steiner sagt:

> ‚Wer nun aber wirklich den Aristoteles richtig begreift, der wird finden, daß in einer geraden, also gewissermaßen nicht umgebogenen Entwickelung von Aristoteles aus ganz anderes als Erkenntnis-Prinzip und -Theorie hätte kommen können. Aristoteles hat bereits Dinge eingesehen auf erkenntnistheoretischem Gebiet, zu denen sich der Mensch heute durch all das denkerische Wesen, das unter dem Einflusse Kants entstanden ist, erst wieder langsam und allmählich wird aufschwingen können. Er muß vor allen Dingen begreifen lernen, daß Aristoteles schon die Möglichkeit hatte, durch die Denktechnik Begriffe sich zu erarbeiten, die richtig gefaßt sind, und die unmittelbar dahin führen, die durch die gekennzeichnete Vorstellungsart von dem Menschen selbst gezogenen Erkenntnisgrenzen zu überschreiten. Wir brauchen uns nur mit einigen Fundamental-Begriffen des Aristoteles zu befassen, um das einzusehen.' [10]

Und dann kommt im Text der Gegensatz von Form und Materie, das sind aristotelische Begriffe.

---

[10] Rudolf Steiner, Philosophie und Anthroposophie, GA 35.

Es gibt noch eine andere Beschreibung Rudolf Steiners über seine Entwicklung von der Hellsichtigkeit zur Wissenschaft und von der Wissenschaft wieder zur Hellsichtigkeit, das ist das ‚Dokument von Barr', wo Rudolf Steiner für Edouard Schuré eine biographische Skizze geschrieben hat und darin auch sagt, dass der Meister, dem er begegnet ist, ihm die Aufgabe gestellt hat, die er dann in Freiheit auf sich nehmen konnte, *dass Aristoteles durch Fichte ergänzt werden muss*.

Da liegt wirklich ein Punkt, wenn man die Anthroposophie und alles, was sie bewegt, verstehen will. Da liegt der Punkt, dass die wirkungslose Ideenwelt mit Wirkung durchtränkt wird und dann wirksam auf die Wahrnehmung bezogen wird. Also das, was sich normalerweise in unserer gewöhnlichen Art des Erkennens in bildhafter Form abspielt – wirklich so, wie wir gestern in der *Philosophie der Freiheit* gelesen haben –, in Vorstellungen, das muss auferweckt werden, damit es wiederum als Wirkung erlebt werden kann. Das ist der große Übergang von Philosophie zu Anthroposophie, dass dasjenige, was man zuvor wirklich in einer Art von Ratlosigkeit erleben kann, als immer blasser werdende Vorstellungen, dass diese mit Feuer durchlodert werden – und das tut das *Ich als Wille*.

Wenn man sich vorstellt, dass die platonische Ideenwelt, die geistige Welt, keine Kraft hat, die irdische zu berühren, und dass, wenn die irdische Welt die Geistwelt berührt, sie stirbt – das ist das Märchen von Goethe –, dann muss also etwas gemacht werden, damit das Geistige verwirklicht wird und das Irdische vergeistigt wird.

Das ist die Anthroposophie.

Und wenn Sie das wirklich kennenlernen möchten, dann ist dieser Aufsatz *Philosophie und Anthroposophie* eine Art von Kern, es steht viel darum herum, aber es gibt verschiedene Kerne darin. Und wenn man die erfassen kann, dann hat man die anthroposophische Bewegung erfasst. Und die erfasst man dann natürlich nicht auch wiederum nur als eine wirkungslose Vorstellung, sondern die erfasst man dann als wirksames Feuer, das lebenslang weiterlodert.

Wir haben das gestern mit der *Philosophie der Freiheit* besprochen, aber das gilt für die ganze Arbeit von Rudolf Steiner – dass es eigentlich doch immer ‚nur' ein Inhalt ist, den man eigentlich nicht nur als Inhalt nehmen sollte, sondern wo man immer wieder versuchen muss, die *Tätigkeit* zu spüren und den Inhalt *zu tun*. Dadurch wird die Ideenwelt wirklich und wird die irdische Welt vergeistigt.

‚Aristoteles findet die richtige Beziehung zwischen dieser Gedankeneinheit und einem objektiv Wirklichen, jenem Objektiven, das zu dem Ding an sich führt – indem er zeigt, daß wir bei konsequentem Denken die Erfahrungswelt um uns herum zusammengesetzt denken müssen aus Materie und aus dem, was er die Form nennt. Materie und Form faßt Aristoteles in zwei Begriffen, die er in dem einzig richtigen Sinne, wie sie geschieden werden müssen, wirklich scheidet. [...] Er ist sich klar darüber, daß es in bezug auf alle Dinge, die unsere Erfahrungswelt bilden, für das Erkennen darauf ankommt, daß wir die Form ergreifen, denn die Form gibt den Dingen das Wesentliche, nicht die Materie.' [11]

Und unter Materie versteht er dann nicht nur das Materielle, sondern Stoff im Allgemeinen, das Denken hat auch seine Materie. Also man darf Materie da nicht nur in stofflichem Sinne nehmen, so dass man sich daran stoßen kann, nicht nur das ist Materie, sondern alles, *worin* das Wesen sich zeigt.

‚So finden wir die Form, indem wir einen Begriff bilden, der ein Universelles zum Ausdruck bringt, im Gegensatz zu dem, was die Sinne erfassen, und das immer ein Besonderes, ein einzelnes Ding ist. Man bewegt sich mit dem Denken durchaus innerhalb der Vorstellungsart des Aristoteles, wenn man, wie die Scholastiker, das Wesenhafte der Form durch eine Gliederung des Universellen in drei Arten erkennend zu durchschauen strebt.'

Also für die Form wurde gedacht, dass es eine Dreigliederung gibt: Dasjenige, was universell ist, bevor es in einem Ding erscheint und

---

[11] Ebd.

doch da ist, Begriff ohne Ding; dann der Begriff mit dem Ding eins, und dann nachher das bewusste Erfassen des Begriffes.

‚Erstens Universalia ante rem, das Wesenhafte der Form, bevor es in den Einzelheiten der Dinge lebt; zweitens Universalia in re, die wesenhaften Formen in den Dingen; drittens Universalia post rem, diese wesenhaften Formen, von den Dingen abgezogen und als innere Seelenerlebnisse im Erkennen durch das Wechselverhältnis der Seele mit den Dingen auftretend.'

Das können wir versuchen, in uns in eine Realität zu bringen, indem wir wiederum einmal den Begriff des Kreises bilden. Und wenn wir den Begriff des Kreises bilden, dann haben wir den Kreis als Universalie ante rem. Wenn wir den Kreis in der Wirklichkeit erkennen, in einem Ding, dann haben wir eine Universalie in re. Und wenn wir dann, nachdem wir in dem Ding die Universalie erkannt haben und sie dann wieder daraus abziehen, in uns selbst zurückziehen und wiederum denken: das ist der Kreis, so wie ich ihn da angeschaut habe, dann haben wir eine Universalie post rem.

Wir wollen also einmal versuchen, dies innerlich zu verstärken: das Bewusstsein von der Universalie ante rem, in re und post rem.

(Es wird meditiert: Ein Kreis ist die Menge aller Punkte, die einen gleichen Abstand zu einem Punkt in der Ebene haben).

Rudolf Steiner sagt, dass man eigentlich nicht auf das Wesentliche, um das es hier geht, kommen kann, wenn man diese Dreigliederung im Begriff nicht kennenlernt – so dass man sieht, wenn man etwas Kreisförmiges anschaut, dass das etwas Subjektives ist, weil wir alle eine subjektive Beziehung zu dem Kreis haben. Wir sitzen alle anders hier, haben einen anderen Ausschnitt aus der Wirklichkeit. In diesem Sinn ist es subjektiv, aber wir erkennen, dass es kreisförmig ist, erkennen dann auch, dass diese Kreisform in dem Ding drin ist, wodurch das Ding Kreisform hat, und wir können dann noch auf das Höhere zurückschließen, das dann Begriff des Kreises im Allgemeinen ist.

Wir bleiben hier noch in der Dreigliederung dieser Universalie und kommen dann allmählich dazu, diese Dreigliederung auch auf das Ich zu beziehen. Das ist im Verlauf der Abhandlung ein *Geschehen* – und das ist das Wunderbare dieses Aufsatzes, dass man da Schritt für Schritt von dieser Dreigliederung *in dem Begriff* zu der Dreigliederung *in dem Ich* geführt wird, wobei sich dann zeigen wird, wie das im Ich in der Wirklichkeit ist. Wenn sich das Ich in dieser Weise als Erkennender in Tätigkeit versetzt, dann werden *in der Tat*, buchstäblich, *Platonismus und Aristotelismus miteinander im Ich durch die Aktivität vereinigt.*

‚Nur gehört zu all dem, was uns bei Aristoteles entgegentritt, noch etwas, das in der Neuzeit immer unbeliebter geworden ist. Es ist nötig, daß man sich dazu bequeme, in scharfen, fein ziselierten Begriffen zu denken, in Begriffen, die man sich erst zubereitet; es gehört dazu, daß man die Geduld hat, von Begriff zu Begriff vorzuschreiten, daß man vor allen Dingen Neigung zu begrifflicher Reinheit und Sauberkeit habe, daß man weiß, wovon man redet, wenn man einen Begriff anschlägt.' [12]

In der Scholastik musste man seitenlang Definitionen durcharbeiten, um überhaupt zu wissen, worüber gesprochen wurde, und das kennen wir nicht mehr. Wir verwenden die Worte und die Begriffe ganz leicht. Und irgendwie müssen wir einen Mittelweg finden.

Also halten wir fest, es gibt eine Dreigliederung der Form – und Form ist Begriff: universalia ante rem, universalia in re, universalia post rem. Aber nun wollen wir weiterkommen, und dann sagt Rudolf Steiner:

‚Nun müssen wir allerdings, wenn wir die Sache vollständig betrachten wollen, noch etwas anderes skizzieren. Wir haben gesagt, daß Aristoteles darauf hingewiesen hat, daß bei allem, was in unseren Erfahrungskreis tritt, notwendig unterschieden werden müsse zwischen dem, was Form und was Materie ist. Nun kann man sagen: wir kommen im Erkenntnisprozeß bis zur Form heran in dem Sinne, wie eben dargestellt worden ist. Gibt es aber

[12] Ebd.

nun auch eine Möglichkeit, bis zum Materiellen heranzukommen? Wohl gemerkt: Aristoteles versteht unter dem Materiellen nicht nur Stoffliches, sondern die Substanz, dasjenige, was auch als Geistiges der Wirklichkeit zugrunde liegt. Gibt es eine Möglichkeit, nicht nur das, was vom Ding zu uns herüberfließt, zu begreifen, sondern auch in die Dinge hineinzutauchen, sich mit der Materie zu identifizieren? Diese Frage ist auch für die Erkenntnistheorie wichtig.' [13]

Das können wir versuchen. Wir haben hier einige Dinge – und wir wollen einmal beim Kreis bleiben. Wir haben verschiedene Kreise hier, wir kennen den Begriff des Kreises, der Kreis ist das Wesentliche in der Form von verschiedenen Dingen hier. Können wir nun auch das Materielle erreichen? Gibt es eine Möglichkeit, fragt Rudolf Steiner, nicht nur das, was vom Ding zu uns herüberfließt, zu begreifen, sondern auch in die Dinge hineinzutauchen, sich mit der Materie zu identifizieren?

Gestern Abend haben wir in der *Philosophie der Freiheit* mit naivem Realismus und kritischem Idealismus gerungen, und da liegt eigentlich dieses Problem, dass man als naiver Realist das Sein der Dinge noch selbstverständlich findet, also das Materielle als ein Sein erlebt, aber der kritische Idealist findet letztendlich kein Sein mehr und hat nur noch die Vorstellungen, aber das sind Formen. Für ihn existiert die Materie nicht, alles ist Vorstellung, ist Form.

Nun wird die Frage in dem Aufsatz *Philosophie und Anthroposophie* konkret gestellt: Können wir in die Dinge hineintauchen, uns mit der Materie identifizieren?

(Es wird meditiert: Es wird ein Blumenstrauch angeschaut, in einer Vase aus Glas).

Wenn man dann von dem *Begriff der Materie* absehen muss – denn man ist noch immer in der Form, in dem Begriff tätig –, wenn man also auch noch von dem Begriff der Materie absehen muss und sich

---

[13] Ebd.

hineinversenken will in das, was Materie ist, die materielle Seite der Dinge, dann ist die Frage: Können wir das?

Rudolf Steiner gibt eine Vorantwort und sagt:

> ‚Diese Frage [...] kann nur von demjenigen beantwortet werden, der sich in die Natur des Denkens, des reinen Denkens, vertieft hat. Zu diesem Begriff des reinen Denkens muß man sich zuerst aufschwingen. Das reine Denken können wir nach Aristoteles als Aktualität bezeichnen. Es ist reine Form; es ist zunächst, so wie es auftritt, ohne Inhalt in bezug auf die unmittelbaren, einzelnen Dinge in der sinnlichen Wirklichkeit draußen.' [14]

Also das ist nach Rudolf Steiner das Erste. Wir müssen eigentlich die Form als sich im Denken selbst betätigend kennenlernen, so dass wir diese Form absondern können, und was dann noch übrig bleibt, das wäre dann die Materie.

> ‚Wo ist der andere Pol, den wir jetzt ergreifen müssen? Wo gibt es innerhalb des reinen Denkens einen Weg, nicht nur die Form zu erzeugen, sondern mit der Form zugleich die Materie? Sobald wir irgend etwas haben, was mit der Form zugleich die Materie erzeugt, dann können wir an einen festen Punkt erkenntnistheoretisch anknüpfen. Wir sind ja überall, zum Beispiel wenn wir einen Kreis konstruieren, in dem besonderen Fall, daß wir sagen müssen: was ich von diesem Kreis behaupte, ist objektiv richtig; – ob es anwendbar ist auf die Dinge, das hängt davon ab, daß, wenn ich den Dingen begegne, sie mir zeigen, ob sie die Gesetze in sich tragen, die ich konstruiert habe. Wenn die Summe aller Formen sich auflöst im reinen Denken, so muß ein Rest bleiben, den Aristoteles Materie nennt, wenn es nicht möglich ist, aus dem reinen Denken selbst zu einer Wirklichkeit zu kommen.' [15]

Wenn also die Summe aller Formen sich im reinen Denken auflöst, dann bleibt ein Rest übrig, den Aristoteles Materie nennt, wenn es *nicht möglich* ist, aus dem reinen Denken selbst zu einer Wirklichkeit

---

[14] Ebd.

[15] Ebd.

zu kommen. Hier haben wir eigentlich die unwirksame Form des Platonismus, diese wird hier eigentlich beschrieben: ein reines Denken, das nicht die Möglichkeit in sich selbst trägt, zu einer Wirklichkeit zu kommen.

Die Summe aller Formen löst sich auf im reinen Denken. Da will Rudolf Steiner also sagen, dass man mit dem Denken die Begriffe denkt – und wenn man das reine Denken hat, dann hat man darin eigentlich alle Begriffe als ein Einheitliches, als Form zusammen erfasst. In diesem Sinn also lösen sich alle Begriffe als Formen in dem reinen Denken auf. Das kann man auch spüren, wenn man das so tut, wie wir das vorher gemacht haben – dass man versucht, in das Ding hinein zu kommen. Dann bemerkt man doch, dass alles doch immer wiederum sich zur Form macht. Wenn ich also denke, ich gehe in das Glas hinein, dann habe ich doch mit der Form des Glaswerdens zu tun. Wenn Sie sagen, es sind alle damit beschäftigt gewesen, eine Art von Ursubstanz zum Beispiel in Glas zu verwandeln, bemerke ich, dass ich eigentlich auch eine Sehnsucht habe, diese Ursubstanz zu verstehen, ich will eigentlich *alles verstehen.* Und das ist dieses Auflösen in Formen. Also nicht so sehr eine Verwesung ist diese Auflösung, sondern eine Erleuchtung: dass dasjenige, was sich in Begriffe auflöst, in eine Gesamtheit kommt.

Wenn wir zurückgehen zu der Frage, ob man auch in die Dinge hineintauchen kann, sich mit der Materie identifizieren kann, dann finden wir: diese Frage ist für die Erkenntnistheorie wichtig. Sie kann nur von demjenigen beantwortet werden, der sich in die Natur des Denkens, des reinen Denkens vertieft hat. Zu diesem Begriff des reinen Denkens muss man sich zuerst aufschwingen. Und wenn man das reine Denken begreift, dann hat man begriffen, dass sich darin alle Formen auflösen, aber nicht so, dass es ein Chaos wird, sondern dass es gerade eine zusammenhängende, auf sich selbst beruhende, sich selbst tragende, harmonische Denkwelt wird und alle Begriffe aus der materiellen Wirklichkeit sich aufgelöst haben in diese Denkwelt. *Eine platonische Ideenwelt,* könnte man sagen, wo alles als Form gegeben ist. Das ist das Erste.

Und wenn dann nicht in dem reinen Denken selbst eine Möglichkeit läge, auch innerhalb dieses reinen Denkens eine Wirklichkeit zu finden, dann wäre das Phänomen Wirklichkeit etwas, was nicht Form werden kann. Dann muss man das außerhalb des reinen Denkens lassen. Und das hat Aristoteles dann Materie genannt – das, was übrig bleibt, was man nicht verstehen kann. Wenn man alles verstanden hat, dann bleibt doch noch etwas übrig, und mit der Form, die man verstanden hat, fühlt man sich nicht in der Wirklichkeit. Wenn man aber soweit kommen kann, dass man sich darin *doch* in der Wirklichkeit fühlt, *gibt es diesen Rest nicht.*

Und dann kommt der Übergang von Philosophie zur Anthroposophie. Da sagt Rudolf Steiner, Aristoteles kann hier durch Fichte ergänzt werden. Ich werde es vorlesen, und heute Mittag werden wir versuchen, das dann auch zu verwirklichen.

‚Im Sinne des Aristoteles kann man zunächst zu der Formel kommen: Alles, was um uns herum ist, auch das, was unsichtbaren Welten angehört, macht es notwendig, daß wir dem Formalen der Wirklichkeit ein Materielles entgegensetzen. Für Aristoteles ist nun der Gottesbegriff eine reine Aktualität, ein reiner Akt, das heißt, ein solcher Akt, bei dem die Aktualität, also die Formgebung, zugleich die Kraft hat, ihre eigene Wirklichkeit hervorzubringen, nicht etwas zu sein, dem die Materie entgegensteht, sondern etwas, das in ihrer reinen Tätigkeit zugleich selbst die volle Wirklichkeit ist.

Das Abbild dieser reinen Aktualität findet sich nun im Menschen selbst, wenn er aus dem reinen Denken heraus zu dem Begriff des ‚Ich' kommt. Da ist er im Ich bei etwas, was Fichte als Tathandlung bezeichnet. Er kommt in seinem Innern zu etwas, das, indem es in Aktualität lebt, zugleich mit dieser Aktualität seine Materie mit hervorbringt. Wenn wir das Ich im reinen Gedanken fassen, dann sind wir in einem Zentrum, wo das reine Denken zugleich essentiell sein materielles Wesen hervorbringt. Wenn Sie das Ich im Denken fassen, so ist ein dreifaches Ich vorhanden: ein reines Ich, das zu den Universalien ‚ante rem' gehört, ein Ich, in dem Sie drinnen sind, das zu den Universalien ‚in re' gehört, und ein Ich, das Sie begreifen, das zu den Universalien ‚post rem' gehört. Aber noch etwas ganz Besonderes ist hier: für das

Ich verhält es sich so, daß, wenn man sich zum wirklichen Erfassen des Ich aufschwingt, diese drei ‚Ichs' zusammenfallen. Das Ich lebt in sich, indem es seinen reinen Begriff hervorbringt und im Begriff als Realität leben kann. Für das Ich ist es nicht gleichgültig, was das reine Denken tut, denn das reine Denken ist der Schöpfer des Ich. Hier fällt der Begriff des Schöpferischen mit dem Materiellen zusammen, und man braucht nur einzusehen, daß wir in allen anderen Erkenntnisprozessen zunächst an eine Grenze stoßen, nur beim Ich nicht: dieses umfassen wir in seinem innersten Wesen, indem wir es im reinen Denken ergreifen.

So läßt sich erkenntnistheoretisch der Satz fundamentieren, ‚daß auch im reinen Denken ein Punkt erreichbar ist, in dem Realität und Subjektivität sich völlig berühren, wo der Mensch die Realität erlebt'. Setzt er da ein und befruchtet er sein Denken so, daß dieses Denken von da aus wiederum aus sich herauskommt, dann ergreift er die Dinge von innen. Es ist also in dem durch einen reinen Denkakt erfaßten und damit zugleich geschaffenen Ich etwas vorhanden, durch das wir die Grenze durchdringen, die für alles andere zwischen Form und Materie gesetzt werden muß.' [16]

Wenn *das* nicht Musik ist, dann weiß ich es auch nicht.

Für mich ist das wirklich eine Art von geschichtlichem Drama, was man hier miterlebt und was jeder Mensch, der in unserer Zeit lebt, eigentlich auch durchlebt. Dass man, wenn man erwachsen geworden ist, mit dem Erkennen nicht mehr in der Wirklichkeit darin ist und dass man dieses platonische Drama, dass die Ideen keine Kraft haben, um in die Wirklichkeit einzugreifen, dass man das miterleben muss. Andererseits, wenn man die Wahrnehmung hat, bemerkt man, dass dasjenige, was die Wahrnehmung dann wiederum an Wissen, Wissenschaft gibt, auch wiederum nur Form wird. Man ist also in der Schwäche der Erkenntnis gefangen, und die eigentliche Menschlichkeit, *die will sich verwirklichen*. Und das ist es, was hier gegeben wird – diese Möglichkeit, dass gerade da, wo die Finsternis einsetzt, das neue Licht aufgehen kann, nämlich in demjenigen Gebiet, wo wirklich

[16] Ebd.

nichts mehr lebendig ist, das aber am geeignetsten ist, Leben zu fassen. Das ist das reine Denken, das zuerst nur letzter Ausfluss des Verstandes ist, aber dann, wenn es wirklich an die Grenze gekommen ist, wo es nicht mehr weiter geht, in sich aufersteht. Das ist das Grandiose der Anthroposophie, dass diese *Auferstehung* darin liegt.

Wir haben in Rudolf Steiners Leben gesehen, wie weit das führen kann, wenn der Mensch in der Erkenntnis in die Wirklichkeit hineinkommt – dann geht diese Wirklichkeitserkenntnis in das ganze Leben über, und dann entsteht eine neue Medizin, eine neue Pädagogik, eine neue Sozialwissenschaft und so weiter. Alles wird neu.

Ohne das bleibt es natürlich die gewöhnliche alte, menschliche Verfassung, wo die Ideenwelt kraftlos ist; und nur das Gefühlsleben und das Willensleben haben noch Feuer und allerlei Intentionen, die man *Bewegung* nennen könnte. Aber diese Bewegung muss in das Denken hinein, und das geschieht ungenügend.

Im letzten Karmavortrag hat Rudolf Steiner über Karl Julius Schröer gesprochen. Das ist tief berührend, wenn man weiß, wie die Hintergründe sind. In Karl Julius Schröer, dem geliebten Professor an der Wiener Universität, hat er Platon wiedererkannt. So erkennt er, dass es also der lebendige Platonismus ist, der da mit ihm zusammen war, nur war das Tragische, dass es für Karl Julius Schröer nicht möglich war, dieses Platonische bis in die Wirklichkeit hineinzubringen. In diesem Karmavortrag – dem letzten, den Rudolf Steiner gehalten hat – sagt er dann, dass das, was im Willen und im Gefühlsleben, aber vor allem im Willen in Karl Julius Schröer lebte, dass er das nicht in das Denken hineingebracht hat. Und das ist die Tragödie, das ist die Tragik, dass alles, was Schröer war, was im Wollen da war, nicht bis in die Ideenwelt hinein befeuernd wirken konnte. Das hat dann Rudolf Steiner auf sich genommen – das zu tun, was Schröer nicht konnte. Das ist die Anthroposophie, dieses Zusammengehen zwischen dem Platonismus, unwirksamem Geist, geistiger Ideenwelt, mit dem Aristotelismus, unwirksamer Wahrnehmungswelt, die zwar vergeistigt wird durch Begriffe, aber diese Begriffe sind auch unwirksam. Da brauchen wir die Tathandlung, dass das Ich sich in seiner Dreifachheit erkennen kann und sich auch schafft. Und wenn dieses Ich dann denkt, fühlt und will, dann wird in jeder Sekunde die Anthroposophie neu geboren, in jedem von uns.

Also das ist wirklich an der Zeit.

Gut, das ist dann vorläufig das Inhaltliche. Dann werden wir heute Mittag versuchen, ob auch wir im reinen Denken zu diesem Ich kommen können, das sich selbst, weil es sich versteht, auch schafft.

DRITTE STUNDE

Zürich, 12. November 2016

Was ich jedes Mal versuchen will, ist, dass wir, wenn wir Inhalte aufnehmen, sie nicht nur mit dem Verstehen aufnehmen, sondern dass wir sie auch noch einmal in der Besinnung wiederholen. Wenn ich also dazu auffordere, zum Beispiel sich innerlich noch einmal die Frage zu stellen, ob man sich in die Dinge hineinleben kann – so, dass man das Materielle davon erfassen kann –, dann meine ich das natürlich nicht so sehr als eine Meditation, sondern als eine vertiefte Besinnung. Und das ist wirklich etwas anderes, als dass wir zusammen Meditationen machen würden – das also für die Deutlichkeit.

Wenn wir über die anthroposophische Bewegung sprechen, dann geht es darum, dass diese anthroposophische Bewegung bedeutet, einen Weg zu finden, dass einerseits dasjenige, was *platonische Ideenwelt* ist, die aber wirkungslos geworden ist, und andererseits die *aristotelische empirische Wahrnehmungswelt* – wobei Aristoteles dieser Wahrnehmungswelt noch mit Begrifflichkeit entgegentritt, in der Geschichte Francis Bacon dann aber dazu aufgefordert hat, das Denken als eine rein subjektive Einbildung zu vergessen und sich wirklich ganz und gar auf die Wahrnehmung einzulassen, die auch nicht in ein Wirklichkeitserleben hineinführt –, dass diese beiden innerhalb des einzelnen Menschen miteinander vereinigt werden. Und wenn wir die anthroposophische Bewegung als eine Möglichkeit für den Menschen kennenlernen, dasjenige, was Erkenntnis ist, zu einer Wirklichkeit zu erheben, dann brauchen wir jedes Mal die innere Besinnung. Wenn man nur liest oder nur zuhört, dann bleibt man in seiner gewöhnlichen alltäglichen Erkenntnisfähigkeit, wenn sie auch noch so intelligent ist, das hat damit eigentlich gar nichts zu tun. Man kann in der Intelligenz sehr hoch begabt sein und dann geht alles vielleicht ein bisschen schneller, aber tiefer kommt man doch nicht. Man muss sich, um sich wirklich bis in die Realität der Erkenntniskräfte zu vertiefen, immer wieder von dem Inhalt zurückziehen, um sich auf den Prozess, zu dem man durch den Inhalt kommt, zu besinnen. Das sind die Übungsmomente, die wir dann hier haben.

Heute Morgen habe ich dann wie in einer Symphonie – so ist es für mich jedenfalls –, anhand von Rudolf Steiners Aufsatz *Philosophie und Anthroposophie* versucht, uns zu dem grandiosen Moment hinzuführen, wo Subjektivität und Realität sich wirklich berühren. Und wenn wir das so, wie wir es uns versprechen, heute Mittag auch in eine Realität umwandeln wollen, dann müssen wir zuerst wieder zurück zu dem reinen Denken. Und das ist nicht so deutlich, was nun eigentlich das reine Denken ist. Hier sagt Rudolf Steiner:

› Zu diesem Begriff des reinen Denkens muß man sich zuerst aufschwingen. Das reine Denken können wir nach Aristoteles als Aktualität bezeichnen. Es ist reine Form; es ist zunächst, so wie es auftritt, ohne Inhalt in bezug auf die unmittelbaren, einzelnen Dinge in der sinnlichen Wirklichkeit draußen. Warum? Machen wir uns einmal klar, wie der reine Begriff im Gegensatz zur Wahrnehmung entsteht.

Man stelle sich vor, daß man sich den Begriff des Kreises bilden will. Das kann man, wenn man zum Beispiel hinausfährt aufs Meer, bis man rings um sich herum nur Wasser sieht; dann hat man sich durch die Wahrnehmung die Vorstellung eines Kreises gebildet. Es gibt aber eine andere Art, zum Begriff des Kreises zu kommen, indem man nämlich, ohne an die Sinne zu appellieren, sich folgendes sagt: Ich konstruiere mir im Geiste die Summe aller Orte, welche von einem Punkt gleich weit entfernt sind. Um diese ganz im Innern des Gedankenlebens verlaufende Konstruktion zu bilden, braucht man nicht an Äußerliches zu appellieren; das ist durchaus reines Denken im Sinne des Aristoteles, reine Aktualität.

Nun aber tritt etwas Besonderes hinzu. Diejenigen reinen Gedanken, die so gebildet werden, passen zur Erfahrung. Ohne sie kann man sogar die Erfahrung gar nicht begreifen. Man denke einmal, daß Kepler sich durch reine Begriffskonstruktion ein System ausarbeitet, das zum Beispiel elliptische Bahnen zeigt für die Planeten, wobei die Sonne sich in einem Brennpunkt befindet, und daß dann hinterher durch das Fernrohr konstatiert wird, die Beobachtung stimme überein mit dem vor der Erfahrung gefaßten reinen Gedankenbilde! Da zeigt es sich für jedes unbefangene Denken, daß das, was als reines Denken entsteht, für die Realität nicht bedeutungslos ist; – denn es stimmt ja mit der Realität überein. Ein Forscher wie Kepler illustriert durch sein Verfahren, was der Aristotelismus erkenntnistheoretisch begründet hat. Er erfaßt das, was zu den Universalia post rem gehört und findet, wenn er an die Dinge herangeht, daß diese Universalia post rem vorher als Universalia ante rem in sie hineingelegt worden sind.

Werden nun nicht im Sinne einer verkehrten Erkenntnistheorie die Universalien zu bloßen subjektiven Vorstellungen gemacht, sondern zeigt es sich, daß man sie objektiv in den Dingen findet, so müssen sie erst in die Form hineingelegt sein, von der Aristoteles annimmt, daß sie der Welt zugrunde liegt.' [17]

Also das wollen wir versuchen. Und das ist dann eine Übung in der Besinnung, wie ich sagte. Wir wollen versuchen, diesen Begriff des Kreises noch einmal zu fassen, nicht aus der Wahrnehmung mit den Sinnen, sondern rein als Begriff. Wir stellen uns also nicht einen Kreis vor, der draußen gefunden worden ist, sondern wir konstruieren im Denken den Begriff des Kreises und versuchen dann, uns bewusst zu werden, dass das, diese Tätigkeit, ein Beispiel des reinen Denkens ist.

(Besinnung).

Wir haben das Bewusstsein dabei, dass es ein reines Denken ist. Und da können wir Aristoteles selbst hören, wie er in seiner *Metaphysik*, Buch Lambda, geschrieben hat:

‚Das Denken an sich aber hat das an sich Beste zum Gegenstand und das absolute Denken das absolut Beste. Somit denkt die Denkkraft (der Geist) sich selbst, weil sie teilnimmt an dem Gegenstand des Denkens. Dadurch, dass sie nämlich ihren Gegenstand erfasst und denkt, wird sie selbst Ge-

[17] Ebd.

genstand des Denkens, so dass Denkkraft und Gedachtes zusammenfallen. Denkkraft ist nämlich die Fähigkeit, das Gedachte und das wesentliche Sein aufzunehmen. Und sie ist aktuell, wenn sie dies tut. Diese Aktualität ist daher noch in höherem Grade das Göttliche, das der Denkkraft eigen zu sein scheint [...]. Wenn nun Gott sich immer in dem Zustand befindet, der für uns nur vorübergehend möglich ist, so ist das schon wunderbar; ist er es aber in noch höherem Grade, so ist das noch wunderbarer. Und so ist es in der Tat. Und auch Leben kommt ihm zu. Denn die Energie des Geistes ist Leben; ja er ist Energie. Seine absolute Energie ist bestes und ewiges Leben. Wir behaupten also, Gott sei ein ewiges, vollkommenes Wesen, und ihm komme Leben und ununterbrochenes, ewiges Sein zu. Das ist Gott...'

Die Denkkraft denkt sich selbst, weil sie teilnimmt an dem Gegenstand des Denkens. Dadurch, dass sie nämlich ihren Gegenstand erfasst und denkt, wird sie selbst Gegenstand des Denkens, so dass Denkkraft und Gedachtes zusammenfallen. Das ist Aktualität.

Das ist also der zweite Schritt. Wir haben zuerst den Kreis gedacht, in einem reinen Denken, und wir haben versucht, uns bewusst zu werden, dass das *ein reines Denken ist,* und nun versuchen wir auch noch, uns bewusst zu werden, dass *die Denkkraft,* mit der ich die Gedanken hervorbringe, und der hervorgebrachte Gedanke ein und dasselbe sind. *Das ist Aktualität.*

Und wenn Rudolf Steiner sagt: das reine Denken ist nach Aristoteles Aktualität, dann haben wir hier eine Möglichkeit, wirklich zu erfassen, was dieses geheimnisvolle reine Denken, das in sich den Schritt zur Wirklichkeit birgt, eigentlich ist. Und das können wir nie, indem wir die Dinge einfach hören und lesen, das muss versucht werden. Also versuchen wir das noch einmal. Den Kreis als Begriff denken, sich bewusst sein, dass das in einem reinen Denken vollzogen wird, und versuchen, sich selbst als das Denkende, den Denker, zu erfassen und dadurch dann gewahr zu werden, dass diese Denkkraft, dieses Denkende, der Denker, und der hervorgebrachte Gedanke zusammengehören.

(Es wird meditiert).

Gut. Die erste Frage ist natürlich: Ist es deutlich, was man da tun kann, so dass wir auch alle das tun, was gemeint ist? Und wenn wir es dann tun, was sind die Probleme, die auftauchen? Wenn wir zusammen eine Gymnastikübung machen, dann können wir sehen, ob wir alle so ungefähr das Gleiche machen, jetzt geht das natürlich nicht. Jeder ist natürlich frei, einfach nicht mitzumachen, das ist dann auch das Schöne. Aber wenn wir zusammen aktiv sein wollen, ist natürlich doch die erste Frage: Ist deutlich, was wir hiermit eigentlich tun wollen? Oder anders gesagt: Was haben Sie gemacht?

Es handelt sich darum, zu erfassen, dass es ein Denken gibt, das nicht von selbst da ist, dass es aber eine Möglichkeit gibt, das Denken wirklich aus sich heraus zu gestalten, so dass es eine Aktualität ist, also nicht etwas, was sich von selbst entfaltet und was man dann anschaut oder worauf man sich konzentriert, sondern dass man fortwährend mit sich selbst auf der Reise ist und nicht in eine Trennung kommt. Und ich habe immer das Gefühl, dass ich ein Pilger bin, und die Pilgerschaft ist das Denken, das ist ein Gehen im Denken, aber ich habe nicht so sehr ein Ziel, das Ziel ist die Tätigkeit.

Es ist der Denkwille, dass man sich dazu entschließt, einen Begriff denken zu wollen, und dass man es auch tut, aber dann nicht entzwei gespalten wird – nicht einmal so, dass man etwas gedacht hat, wo man nachher dabeibleibt, sondern man ist schon von vornherein fortwährend eins damit.

Wenn man in der gewöhnlichen Wissenschaft stark genug denkt, käme natürlich der Punkt, wo man sich auch bewusst wird, dass man der Denker ist, und sich dann auch bewusst ist, dass man drin ist. Aber hier ist es doch noch mehr etwas Prometheusartiges. Denken wir an diese zwei griechischen Halbgötter, die in der griechischen Mythologie Brüder sind. Epimetheus ist derjenige, der ganz von der Fülle der Welt umgeben ist und über alles nachdenkt, was die Schöpfung schenkt und was uns umgibt. Sein Bruder Prometheus hat überhaupt keine Umgebung, denn alles was Umgebung sein könnte, muss er zuerst schaffen. Er hat nichts, aber er ist fortwährend schaffend. Epimetheus schafft nicht, er läuft hinter den Tatsachen her, aber hat die ganze Fülle der Schöpfung um sich herum, und Prometheus ist immer voraus, er muss vorauswissen, was er denken will. Er kann die Gedanken nicht so einfach gehen lassen und dann zurückschauen, was da gewesen ist, er läuft aktiv denkend im Vorausdenken herum und hat also keine Schöpfung um sich herum, nur dasjenige, was er selbst schafft.

Das sind zwei Extreme. Und da braucht dieses Denken diese Prometheus-Einstellung, für diese ‚Umschaltung' des Denkens, so dass das Denken geeignet wird, sich selbst als geistiges Wesen zu erkennen und sich dann hinaufzuentwickeln zur geistigen Welt.

Man muss also wie ein Mathematiker denken können, aber was überall in der Welt das Gute ist – dass man sich selbst vergisst –, ist hier das Verkehrte. Man muss *sich* hier fortwährend *bewusst sein*, dass man selbst denkt. Dann ist das Ego nicht egoistisch, sondern universell tätig.

Teilnehmer: Ja, wenn wir das erfüllen, dann entsteht die Verschmelzung mit dem Gedachten, wenn es gelingt. Man spürt, dass es ganz schwer ist, ganz wach dabei zu sein, um das Gedachte weiter zu denken und zu denken, dass man es denkt. Das ist ganz schwierig, die zwei Sachen zusammen zu denken ... wenn es gelingt, kommt die Verschmelzung.

Es ist dann ein permanentes Ringen mit dem Inhalt, dem Innehalten, über das Innehalten hinauszukommen in die Bewegung, in die Aktualisierung, die fortlaufende Aktualisierung und damit die Erfahrung, dass ich der Denker bin, der alles verschmilzt, was von rechts oder links mich wieder ins Innehalten abtrennen möchte. Also eigentlich ständig noch mehr Aktivität und noch mehr Aktivität und sich in dieser ‚noch mehr Aktivität' halten.

Ich habe auch den Eindruck, wenn ich das tue, dass ich den Begriff des Ich bilde, denn ich bin es ja, der es tut, ich baue diese Aktualität im Denken des sinnlichkeitsfreien Inhaltes auf. Und Ich bin mir dann bewusst, dass ich das tue. Und wenn ich mir dann noch klarmache, dass das, was ich tue, und das, was ich im Tun gedacht habe, eins sind, dann bin ich das. Ich erweitere also mein Ich und das, was ich getan habe, was es ohne meine Tat nicht gegeben hätte.

Aus *Philosophie und Anthroposophie:*

‚Gibt es eine Möglichkeit, nicht nur das, was vom Ding zu uns herüberfließt, zu begreifen, sondern auch in die Dinge hineinzutauchen, sich mit der Materie zu identifizieren? Diese Frage ist auch für die Erkenntnistheorie wichtig. Sie kann nur von demjenigen beantwortet werden, der sich in die Natur des Denkens, des reinen Denkens, vertieft hat. Zu diesem Begriff des reinen Denkens muß man sich zuerst aufschwingen. Das reine Denken können wir nach Aristoteles als Aktualität bezeichnen. Es ist reine Form; es ist zunächst, so wie es auftritt, ohne Inhalt in bezug auf die unmittelbaren, einzelnen Dinge in der sinnlichen Wirklichkeit draußen.'

Wenn es gut ist, ist dieser Abschnitt jetzt schon viel deutlicher zu verstehen als das vorige Mal. Versuchen wir es noch einmal, das Bilden des reinen Begriffs des Kreises, Bewusstwerdung, dass das das reine Denken ist, und dann versuchen, in dieser reinen Denktätigkeit soweit zu kommen, dass das Entfalten der Tätigkeit, derjenige, der sie entfaltet, und das Entfaltete, das Denken, dass diese zugleich ein und dasselbe sind.

(Es wird meditiert).

Wir versuchen nun, einen lebendigen Begriff desjenigen zu erfassen, was ausgedrückt wird in den Worten ‚anthroposophische Bewegung'.

1923, in dem Zyklus *Anthroposophische Gemeinschaftsbildung*, sagte Rudolf Steiner das Folgende: [18]

---

[18] Anthroposophische Gemeinschaftsbildung, GA 257, dritter Vortrag, S. 49 ff.

‚Ich möchte zurückverweisen auf mein Buch ‚Die Philosophie der Freiheit', das ja vor drei Jahrzehnten der Öffentlichkeit übergeben worden ist. Und ich möchte darauf aufmerksam machen, daß ich in diesem Buche bereits hingewiesen habe auf eine besondere Art des Denkens, die anders ist als diejenige, die man gewöhnlich heute zugibt. Wenn man heute vom Denken spricht, gerade wenn man in maßgebendsten Kreisen vom Denken spricht, dann verbindet man mit diesem Begriffe vom Denken den einer gewissen Passivität in der Haltung des Menschengeistes. Man übergibt sich als Menschengeist der äußeren Beobachtung, man beobachtet oder experimentiert und man verknüpft die Beobachtungen durch das menschliche Denken, kommt dabei zu Naturgesetzen, streitet vielleicht auch über die Geltung dieser Naturgesetze, über ihre metaphysische oder bloß physische Bedeutung. Aber etwas anderes ist, diese Gedanken, die man sich so an der Natur macht, zu haben – oder sich nun wirklich aufzuklären darüber, wie man sich als Mensch verhält zu diesen Gedanken, die man sich bildet über die Natur, die man sich, so wie man sie heute über die Natur sich bildet, erst in der neuesten Zeit bilden kann. Denn die Naturgedanken einer älteren Zeit – noch des 13., 12., 11. nachchristlichen Jahrhunderts – waren eben in bezug auf die menschliche Seelenhaltung ganz andere. Denken heißt für den Menschen von heute, passiv die Erscheinungen verfolgen und über ihre Regelmäßigkeit oder Unregelmäßigkeit sich eben Vorstellungen zu bilden. Man läßt die Gedanken gewissermaßen an den Erscheinungen auftreten, man läßt sie passiv anwesend sein in der menschlichen Seele. Demgegenüber habe ich in meiner ‚Philosophie der Freiheit' das aktive Element im menschlichen Denken betont, habe betont, wie der Wille einschlägt in das Gedankenelement, wie man gewahr werden kann die eigene innere Tätigkeit im sogenannten reinen Denken, indem ich zugleich gezeigt habe, daß aus diesem reinen Denken herausfließt alles dasjenige, was in Wirklichkeit moralische Impulse sein können. So daß ich also den Einschlag des Willens in die passive Gedankenwelt, dadurch die Auferweckung der passiven Gedankenwelt zu etwas, was der Mensch innerlich tätig, aktiv verrichtet, aufzuzeigen versucht habe.'

Wir haben heute Morgen im Gespräch mit Walter Johannes Stein gehört, dass Rudolf Steiner sich so äußerte, dass er sagte, er hatte in der platonisch gestimmten Seele von Karl Julius Schröer den Platonismus vor sich und erkannte, dass die platonische Ideenwelt so, wie sie damals, am Ende des 19. Jahrhunderts in der Welt anwesend war, nicht die Kraft hatte, die Brücke hinüber zur physischen Welt zu bilden. Kraftlose Gedanken, obwohl hoch geistig, hoch geistige Ideen. – Und andererseits fand er den Aristotelismus, der von der Wahrnehmung ausgeht und dann zu Begriffen kommt, die der aristotelische Denker sich schon erworben hat, aber der dann auch nicht mehr die Kraft hat, diese Begriffe, die anhand der Wahrnehmung gewonnen sind, zu wirksamen Begriffen zu vergeistigen. Also *die geistigen Ideen von Plato* können *nicht irdisch wirksam* werden, und *die irdischen Begriffe von Aristoteles* können sich *nicht genügend vergeistigen.*

Und das hat Rudolf Steiner erkannt als die Tragik in der Welt, wie sie Ende des 19. Jahrhunderts war, und er hat dann den Impuls gefasst, dasjenige, was er selbst als Aufgabe hatte, die Erneuerung des Aristotelismus, mit der Aufgabe zu verbinden, die Karl Julius Schröer hatte, aber nicht vollzog, nämlich der platonischen Ideenwelt Kraft und Wirksamkeit zu verleihen. Das Bindeglied war dann gleichsam Fichtes Idee von der Tathandlung des Ich. Rudolf Steiner hat zu Walter Johannes Stein damals gesagt, dass dies eine freie Tat gewesen ist, die er geleistet hat, und dass durch diese Tat, etwas entstanden ist, und das ist ein Wesen: die Anthroposophie.

Wir finden im Aufsatz *Philosophie und Anthroposophie* diesen Vorgang so, wie er für jeden Menschen Bedeutung hat, damit jeder Mensch Anthroposoph werden kann – ja, es geht noch weiter: dass *dieser Mensch Anthroposophia sich mit jedem Menschen tatsächlich verbinden kann,* dass also jeder Mensch in diesem Sinne Träger oder Trägerin der anthroposophischen Bewegung werden kann. Das steht ganz genau beschrieben in dem Aufsatz *Philosophie und Anthroposophie* und auch in den übrigen Aufsätzen in diesem Band, aber nicht so deutlich. Am allerklarsten ist es in diesem Aufsatz beschrieben, und dies versuchen wir uns heute zu erobern: Was ist das eigentlich, was da gegeben worden ist?

In der Vorbemerkung zu diesem Aufsatz schreibt Rudolf Steiner in begrifflicher Form, was er dann im Gespräch mit Walter Johannes Stein ins Esoterische verwandelt beschreibt:

‚Die folgenden Ausführungen über ‚Philosophie und Anthroposophie' sind im Wesentlichen die Wiedergabe eines Vortrages, den ich 1908 in Stuttgart gehalten habe. Unter Anthroposophie verstehe ich eine wissenschaftliche Erforschung der geistigen Welt, welche die Einseitigkeiten einer bloßen Natur-Erkenntnis ebenso wie diejenigen der gewöhnlichen Mystik durchschaut, und die, bevor sie den Versuch macht, in die übersinnliche Welt einzudringen, in der erkennenden Seele erst die im gewöhnlichen Bewußtsein und in der gewöhnlichen Wissenschaft noch nicht tätigen Kräfte entwickelt, welche ein solches Eindringen ermöglichen.'

Aber dieses Autoreferat eines Vortrages in Stuttgart vom 17. August 1908 ist also auch wiederum ein Niederschlag dieser Freiheitstat, in der Platonismus und Aristotelismus durch die Aktivität des Ich miteinander verbunden worden sind. Was Rudolf Steiner ganz konkret vollzogen hat, wirkt weiter als Wesen, als Anthroposophie. Und wenn er dann 1924 seine Karmavorträge hält, spricht er darüber, dass es Anfang des 19. Jahrhunderts eine übersinnliche Schule im Himmel gegeben hat, eine Michaelunterweisung, und dass dasjenige, was da gelehrt wurde und damals in Imaginationen da war, zum Beispiel von Goethe in seinem *Märchen* aufgefasst worden ist und dass man darin im Bild geschildert sieht, wie die schöne Lilie die geistige Ideenwelt verbildlicht und wie der Jüngling sie nicht anfassen kann – und wie dann dieses Problem in einer Gemeinsamkeit von Kräften gelöst wird.

Also versuchen wir heute, dieses Märchen zu verwirklichen und zu leben, nur klingt es etwas weniger märchenhaft als damals in Goethes Märchen…

Rudolf Steiner sagt dann:

‚Was für eine Art von Lesen war nun vorausgesetzt bei dieser ‚Philosophie der Freiheit'? Bei dieser ‚Philosophie der Freiheit' war eine besondere Art des Lesens vorausgesetzt. Es war vorausgesetzt, daß der Leser, während er das Buch liest, eine Art inneren Erlebnisses durchmacht, welches man wirklich äußerlich vergleichen kann mit dem Aufwachen, das man morgens früh erlebt, wenn man vom Schlaf- in den Wachzustand übergeht. Man sollte sich gewissermaßen so fühlen: In dem passiven Denken habe ich auf einer höheren Stufe der Welt gegenüber doch nur geschlafen, jetzt wache ich auf – so wie man des Morgens, wenn man aufwacht, weiß: Du bist passiv im Bette gelegen, du hast dich hingegeben dem Lauf des Naturgeschehens in deinem Leibe, du fängst jetzt an, innerlich tätig zu sein, du verbindest jetzt die Tätigkeit deiner Sinne mit dem, was draußen in der tönenden, farbigen Welt vorgeht, du verbindest jetzt die Tätigkeit deines eigenen Leibes mit deinen Intentionen. – Dieses Moment des Übergehens aus einem bloßen Erleiden in ein Tätigsein, das ist es, was auf einer höheren Stufe in ähnlicher Weise beim Lesen der ‚Philosophie der Freiheit' in dem Menschen auftauchen sollte. Er sollte sich gewissermaßen sagen: Ja, ich habe bisher gedacht, aber dieses Denken bestand eigentlich darin, daß ich die Gedanken in mir strömen ließ, ich gab mich hin dem Strom der Gedanken. Jetzt beginne ich Stück für Stück meine innere Tätigkeit zu verbinden mit dem Gedanken; jetzt ist es so mit den Gedanken, wie wenn ich des Morgens aufwache und die Tätigkeit meiner Sinne verbinde mit der Farben- und Tonwelt oder die Tätigkeit meines Organismus verbinde mit meinem Willen. – Dadurch aber, daß man ein solches Aufwache-Erlebnis hat – ich habe darauf hingedeutet in meinem Buche ‚Vom Menschenrätsel', da wo ich über Johann Gottlieb Fichte spreche –, kommt man zu einer Seelenhaltung, die eben durchaus eine andere Seelenhaltung ist als diejenige, die heute die gewöhnliche ist. Diese Seelenhaltung aber, zu der man da kommt, die führt einen nach und nach nicht bloß zu einer Erkenntnis, die man auf Autorität hinzunehmen hat, sondern sie führt einen dazu, sich zu sagen: Ja, was sind denn diese Gedanken, die du früher gehabt hast, und was ist denn die Tätigkeit, die du jetzt in deine passiven Gedanken, in die Gedanken, die du bloß zu erleiden hattest, hast hineinschlagen lassen? Was ist denn dasjenige, was da in dein früheres Denken hineingefahren ist, so wie das seelisch-geistige Leben des Morgens in den Leib fährt? Ich meine damit nichts anderes als die äußere Tatsache des Aufwachens. Da kommt man eben dazu, ein Erlebnis zu haben über das Denken, welches man gar nicht haben kann, solange man nicht das Denken auch als Lebendiges, als Aktives kennenlernt.'

Dann wiederholen wir die Übung mit dem Bilden des Begriffs des Kreises noch einmal, wiederum den ganzen Prozess, und versuchen dann, dieses Aufwachen zu spüren: dass es wirklich etwas anderes ist, ob man sich passiv, wenn es auch noch so konzentriert ist, den Gedanken hingibt, oder ob man sie tätig aus sich hervorbringt und dann weiß: ich denke jetzt ein reines Denken, und die Denktätigkeit, die ich entfalte, ich selbst als Denker, und die Gedanken sind ein und dasselbe.

(Es wird meditiert).

Gut. Soweit. Dann machen wir zuerst eine Pause, und nachher werden wir versuchen, dies wiederum zu tun, aber dann nicht mit dem Begriff des Kreises, sondern mit dem Begriff des Ichs – und dann erleben, was geschieht.

VIERTE STUNDE

Zürich, 12. November 2016

Dann versuchen wir jetzt, den Begriff des Ich zu finden, und fangen wieder an mit dem Zitat von Aristoteles aus seiner *Metaphysik*, Buch Lambda.

> ‚Das Denken an sich aber hat das an sich Beste zum Gegenstand und das absolute Denken das absolut Beste. Somit denkt die Denkkraft (der Geist) sich selbst, weil sie teilnimmt an dem Gegenstand des Denkens. Dadurch, dass sie nämlich ihren Gegenstand erfasst und denkt, wird sie selbst Gegenstand des Denkens, so dass Denkkraft und Gedachtes zusammenfallen. Denkkraft ist nämlich die Fähigkeit, das Gedachte und das wesentliche Sein aufzunehmen. Und sie ist aktuell, wenn sie dies tut. Diese Aktualität ist daher noch in höherem Grade das Göttliche, das der Denkkraft eigen zu sein scheint [...]. Wenn nun Gott sich immer in dem Zustand befindet, der für uns nur vorübergehend möglich ist, so ist das schon wunderbar; ist er es aber in noch höherem Grade, so ist das noch wunderbarer. Und so ist es in der Tat. Und auch Leben kommt ihm zu. Denn die Energie des Geistes ist Leben; ja er ist Energie. Seine absolute Energie ist bestes und ewiges Leben. Wir behaupten also, Gott sei ein ewiges, vollkommenes Wesen, und ihm komme Leben und ununterbrochenes, ewiges Sein zu. Das ist Gott...'

Um nun zu dem Erfassen *des Begriffs des Ich* kommen zu können, ist es wichtig, sich zuerst bewusst zu werden, dass es dabei nicht nur um das Erfassen des eigenen Ichs geht, sondern vor allem um das begriffliche Erfassen, was das Menschen-Ich ist. Solange dieser Begriff noch etwas Biographisches hat, ist es nicht im *reinen Denken* erfasst. Wo finden wir diesen Begriff im reinen Denken, was ist er, was beinhaltet er?

Man könnte sagen, dass Rudolf Steiner dem eine ganze Schrift gewidmet hat, nämlich *Wahrheit und Wissenschaft*. Dieses Buch klärt darüber auf, was das Ich ist, und wie man Fichtes ‚Tathandlung des Ich' nicht unmittelbar als Begriff für das Ich verwenden kann, weil die Tathandlung gleichsam ‚leer' ist. Sie hat keinen Inhalt, es wird bei Fichte nicht klar, was das Ich tun soll, damit es sich setzt, sich hervorbringt, er kommt nur zu einem bloßen Hervorbringen. Und wie eine Erlösung in einer Symphonie oder einer Ballade kommt dann bei Rudolf Steiner die Aussage, was das Ich bei seiner Tat tut: *Das Ich setzt das Erkennen!* Das Ich setzt das Erkennen, auch wenn das Erkennen das Ich betrifft. Während des Erkennens ist das Ich tätig. Und diese Erlösung in den Begriff des Ich hinein erklingt dann so wunderschön in dem Satz auf Seite 79:

> ‚Wir mögen Fichte anfassen, wo wir wollen: überall finden wir, daß sein Gedankengang sofort Hand und Fuß gewinnt, wenn wir die bei ihm ganz graue, leere Tätigkeit des Ich erfüllt und geregelt denken von dem, was wir Erkenntnisprozeß genannt haben. Der Umstand, daß das Ich durch Freiheit sich in Tätigkeit versetzen kann, macht es ihm möglich, aus sich heraus durch Selbstbestimmung die Kategorie des Erkennens zu realisieren, während in der übrigen Welt die Kategorien sich durch objektive Notwendigkeit mit dem ihnen korrespondierenden Gegebenen verknüpft erweisen. Das Wesen der freien Selbstbestimmung zu untersuchen, wird die Aufgabe einer auf unsere Erkenntnistheorie gestützten Ethik und Metaphysik sein. Diese werden auch die Frage zu erörtern haben, ob das Ich auch noch andere Ideen außer der Erkenntnis zu realisieren vermag. Daß die Realisierung des Erkennens durch Freiheit geschieht, geht aber aus den oben gemachten Anmerkungen bereits klar hervor. Denn wenn das unmittelbar Gegebene und die dazugehörige Form des Denkens durch das Ich im Erkenntnisprozeß vereinigt werden, so kann die Vereinigung der sonst immer getrennt im Bewußtsein verbleibenden zwei Elemente der Wirklichkeit nur durch einen Akt der Freiheit geschehen.'

- Übung:

Man kann dies in eine sehr rege innere Tätigkeit überführen, indem man versucht, Schritt für Schritt diese Tathandlung des Ich, die das Erkennen ist und die zugleich auch die Erkenntnis der Erkenntnis bedeutet – von mir die *‚dreizehnte Kategorie'* genannt –, durch das Tun in das Bewusstsein hereinzubringen. Dazu formt man immer wieder einen reinen Begriff – zum Beispiel den des Kreises – und wird sich bewusst, dass es *ein Ich* gibt, *bevor die Denktätigkeit* in Gang gebracht wird, das ist das *Ich ante rem.* Dann setzt das Ich das Erkennen in Gang, und das *Ich ist in dem Prozess* ganz darin und eins damit: das *Ich in re.* Aber in der Aktualität des Ganzen *weiß das Ich auch von sich*, von seiner Tathandlung und von dem Hervorbringen des Inhalts: dieses Sich-Begreifen ist das *Ich post rem.*

In dieser Übung fassen wir den Begriff des Ich im reinen Denken, und wir können das noch weitertreiben, indem wir dasjenige, was dann da ist, zum Inhalt einer Meditation machen. Wir meditieren dann das Ich als Begriff, erfasst im reinen Denken, und finden so als Tathandlung, *‚daß auch im reinen Denken ein Punkt erreichbar ist, in dem Realität und Subjektivität sich völlig berühren, wo der Mensch die Realität erlebt'.*

Hier ist der einzige auffindbare Punkt im Bewusstsein, wo es keine Grenze zwischen Form und Materie gibt: *‚Es ist also in dem durch einen reinen Denkakt erfaßten und damit zugleich geschaffenen Ich etwas vorhanden, durch das wir die Grenze durchdringen, die für alles andere zwischen Form und Materie gesetzt werden muß.'*

Aber wir haben dann noch nicht auch die Grenze in allem Übrigen durchdrungen, dazu muss noch ein Schritt gemacht werden: *‚Setzt er da ein und befruchtet er sein Denken so, daß dieses Denken von da aus wiederum aus sich herauskommt, dann ergreift er die Dinge von innen.'*

Wo muss er einsetzen? In dem durch einen reinen Denkakt erfassten und damit zugleich geschaffenen Ich. Also müssen wir eine weitere Übung machen, wodurch die Grenze auch im Erkennen der äußeren Tatsachen, die nicht Ich sind, durchdrungen werden kann.

- *Übung:*

Zuerst muss mit aller Energie und Kraft wiederum die vorherige Übung vollführt werden, damit der *Begriff des Ich als Tat* im reinen

Denken erfasst worden ist. Dann haben wir eine starke innere Kraft im Denken, die mit dem Ich vereint ist. Dann öffnen wir die Augen und schauen einen äußeren Gegenstand an. Wir haben hier einen Blumenstrauch auf dem Tisch. Mit der tätigen Ich-Kraft tauchen wir in das Objekt ein, oder man kann auch sagen, wir tauschen den tätigen Ichbegriff ein gegen die Totalität des Gegenstandes. Das Objekt als eine außerhalb unserer Tätigkeit da-seiende Entität wird mit der Ich-Tätigkeit ein und dasselbe, und wir fangen an, zu einer Ahnung davon zu kommen, wie unser Ich eigentlich in den Dingen selbst da ist, nicht nur in uns selbst.

So wird Aristoteles durch Fichte ergänzt und bekommt die platonische Ideenwelt Kraft. Entstanden ist die Anthroposophie, die in jedem Menschen erweckbare anthroposophische Bewegung.

Wenn wir dies erleben können, dürfen wir begreifen, wie mit der Weihnachtstagung ein esoterischer Zug mit der Gesellschaft verbunden wurde. Dieser Zug war ja die anthroposophische Bewegung selbst. Sie sollte von da ab in der Gesellschaft lebendig sein. Damit das geschehen konnte, legte Rudolf Steiner den Grundstein in die Herzen der Mitglieder.

> ‚Meine lieben Freunde! Wenn ich heute zurückschaue gerade auf dasjenige, was geholt werden konnte aus den Geisteswelten, während die furchtbaren Kriegsstürme die Welt durchwogten, so muß dieses paradigmatisch zusammengefaßt werden in dieser Dreiheit von Sprüchen, die eben an Euer Ohr getönt haben.
>
> Wahrgenommen werden konnte jene Dreigliederung des Menschen, durch die der Mensch in seinem ganzen Wesen nach Geist, Seele und Leib sich in erneuerter Form beleben kann das ‚Erkenne dich selbst', wahrgenommen konnte sie werden, diese Dreigliederung, seit Jahrzehnten. Ich selber konnte sie erst zur Reife bringen im letzten Jahrzehnt während der kriegerischen Stürme. Damals versuchte ich anzudeuten, wie der Mensch auch physisch lebt in seinem Stoffwechsel-Gliedmaßen-System, in seinem Herzens-Rhythmus-System, in seinem Kopfes-Denk- und

Wahrnehmungs-System. Und man kann sich überzeugt halten davon, daß der Mensch – indem er in der richtigen Art, wie es gestern angedeutet worden ist, durch die Durchlebung seines Herzens mit Anthroposophia diese Dreigliederung richtig in sich aufnimmt – dann erkennt, dadurch, daß er fühlend und wollend erkennen lernt, was er eigentlich tut, indem er, die Weltengeister ihn belebend, durch seine Glieder sich hineinstellt in die Raumesweiten, dann erkennt im tätigen Erfassen der Welt – nicht im leidenden, passiven Erfassen der Welt, sondern im aktiv tätigen Erfassen der Welt, indem er seine Pflichten, seine Aufgaben, seine Mission in der Welt erfüllt – das Wesen der allwaltenden Menschen- und Weltenliebe, die da ist ein Glied im Gesamtweltenwesen. Und man kann sich überzeugt halten, daß wenn der Mensch erkennt das wundervolle Geheimnis, das da waltet zwischen Lunge und Herz – in dem innerlich wahrnehmbar ausgedrückt wird, wie die Weltenrhythmen, die durch Jahrtausende, durch Äonen wirken, in Puls- und Blutrhythmus hereinschlagen und Weltbeseelung im Menschen erwecken –, man kann hoffen, daß, indem dieses weisheitsvoll mit dem Herzen als Erkenntnisorgan erfaßt wird, dann der Mensch erfahren kann, wie die Weltenbilder, die gottgegebenen, den Kosmos aus sich heraus tatkräftig offenbaren. Wie man im wirkenden Sich-Bewegen erfaßt die waltende Weltenliebe, so wird man die Urbilder des Weltenseins erfassen, wenn man in sich fühlt den geheimnisvollen Übergang zwischen Weltenrhythmus und Herzensrhythmus und durch diese wiederum den Menschenrhythmus, der geheimnisvoll seelisch-geistig sich abspielt zwischen Lunge und Herz. Und wenn der Mensch in der richtigen Weise fühlend wahrnehmen wird, was sich offenbart in seinem Hauptessystem, das da ruhet auf seinen Schultern, auch wenn er geht, dann wird er, sich erfühlend in seinem Hauptsystem, die Herzenswärme ausgießend in sein Hauptessystem, die waltenden, wirkenden, webenden Weltgedanken in seiner eigenen Wesenheit erleben.

Und er wird so die Dreiheit alles Seins: Weltenliebe, waltend in Menschenliebe; Weltenimagination, waltend in menschlicher Organisationsgestaltung; Weltgedanken, waltend geheimnisvoll untergründlich in Menschheitsgedanken – er wird diese Dreigliederung erfassen und sich erkennen als individuell freier Mensch im waltenden Götterwirken des Kosmos, als Weltenmensch, individueller Mensch im Weltenmenschen, wirkend als individueller Mensch im Weltenmenschen für die Weltenzukunft. Er wird aus den Zeichen der Gegenwart heraus erneuern das alte Wort: ‚Erkenne dich selbst!'

Noch die Griechen durften weglassen den Nachsatz, weil bei ihnen das menschliche Selbst noch nicht so abstrakt geworden war wie bei uns, zusammengeflossen in den abstrakten Ich-Punkt oder höchstens in das Denken, Fühlen und Wollen, sondern weil bei ihnen erfaßt wurde die Menschennatur als Ganzes nach Geist, Seele und Leib. So durften die Griechen glauben, zu treffen den ganzen Menschen nach Geist, Seele und Leib, wenn sie das Wort ertönen ließen, das uralte Sonnenwort, das Appollo-Wort: ‚Erkenne dich selbst!'

Wir aber müssen sagen, wenn wir aus den Zeichen der Zeit in der richtigen Weise erneuern dieses Wort: O Menschenseele, erkenne dich selbst in deinem wesenden Weben in Geist, Seele und Leib. – Dann haben wir verstanden dasjenige, was allem Menschenwesen zu Grunde liegt. Und diese Weltensubstanz, in der da wirkt und west und lebt der Geist, der aus den Höhen strömt und im Menschenhaupte sich offenbart; die Christus-Kraft, die überall im Umkreise wirkt, die mit den Lüften webt, um die Erde kreisend, die in unserem Atemsystem wirkt und lebt; und wenn wir erkennen die in den Tiefen aus dem Erdeninnern heraufkommenden Kräfte, die in unseren Gliedmaßen wirken – und wenn wir diese drei Kräfte, die Kräfte der Höhen, die Kräfte des Umkreises, die Kräfte der Tiefen in diesem Augenblicke vereinigen in einer gestaltenden Substanz: dann können wir in unserem Seelen-Erfassen dem Welten-Dodekaeder das Menschen-Dodekaeder gegenüberstellen. Und aus diesen drei Kräften: aus dem Geist der Höhe, aus der Christus-Kraft des Umkreises, aus der Vater-Wirksamkeit, der schöpferischen Vatertätigkeit, die aus den Tiefen strömt, wollen wir in diesem Augenblicke in unseren Seelen den dodekaedrischen Grundstein formen, den wir in den Boden unserer Seelen senken, damit er da sei zum starken Zeichen in den kräftigen Gründen unseres Seelenseins und wir in der Zukunft des Wirkens der Anthroposophischen Gesellschaft auf diesem festen Grundstein stehen können.

Wollen wir uns immerdar bewußt bleiben dieses heute geformten Grundsteines für die Anthroposophische Gesellschaft. Wollen wir das Andenken an den heute in den Boden unserer Herzen gesenkten Grundstein bewahren bei allem, was wir draußen und hier tun wollen zur Förderung, zur Entwickelung, zur vollen Entfaltung der Anthroposophischen Gesellschaft. Suchen wir in dem dreigliedrigen Menschen, der uns da lehrt die Liebe, der uns da lehrt die Weltimagination, der uns da lehrt die Weltgedanken, suchen wir in ihm die Substanz der Weltenliebe, die wir zu Grunde legen, suchen wir in ihm das Urbild der Imagination, nach dem wir die Weltenliebe in unserem Herzen formen, suchen wir die Gedankenkraft aus den Höhen, um dieses dodekaedrische imaginative Liebesgebilde in der entsprechenden Weise erstrahlen zu lassen! Dann werden wir von hier hinwegtragen dasjenige, was wir brauchen; dann wird er erglänzen, der Grundstein, vor unserem Seelenauge, jener Grundstein, der aus Welten-Menschenliebe seine Substanz, aus Welten-Menschenimagination seine Bildhaftigkeit, seine Gestaltung, und aus Welten-Menschengedanken jenes Glanzeslicht hat, das uns in jedem Augenblicke, wenn wir uns an diesen Augenblick erinnern, mit warmem, aber unsere Tat, unser Denken, unser Fühlen, unser Wollen anspornendem Lichte entgegenstrahlen kann.

Und der rechte Boden, in den wir den heutigen Grundstein hineinverlegen müssen, der rechte Boden, das sind unsere Herzen in ihrem harmonischen Zusammenwirken, in ihrem guten, von Liebe durchdrungenen Willen, gemeinsam das anthroposophische Wollen durch die Welt zu tragen. Das wird uns wie mahnend entgegenstrahlen können aus dem Gedankenlichte, das uns von dem dodekaedrischen Liebesstein, den wir in unsere Herzen heute versenken wollen, jederzeit entgegenstrahlen kann.'

Es sollte jetzt klar sein können, dass hier wiederum die anthroposophische Bewegung initiiert wurde, dass hier wiederum hingewiesen wurde darauf – mit einem Aufruf: Menschenseele! –, dass die Mitglieder in sich selbst das *Ich ante rem* (‚das eigene Ich im Gottes-Ich erweset'); das *Ich in re* (‚das eigene Ich dem Welten-Ich vereinen'); und das *Ich post rem* (‚Licht dem eigenen Ich zum freien Wollen schenken') suchen und verwirklichen sollten, damit sie in sich selbst, ein jedes Mitglied für sich und dann alle zusammen in einem Chor, die anthroposophische Bewegung in sich erwecken, zum Erwachen bringen würden.

Wenn diese Handlung immer wieder getan wird, dann wird die Grenze durchdrungen, für das eigene Ich, für das Welten-Ich, für das Gottes-Ich!

ZUSAMMENFASSUNG

Die Worte ‚anthroposophische Bewegung' werden in anthroposophischen Kreisen oft verwendet. Im allgemeinen werden sie in der gewöhnlichen Bedeutung verwendet: für dasjenige, was von Anthroposophen gewusst, erlebt und gewollt wird und was in der Welt zur Ausführung gebracht wird. Das ist gewiss eine ‚Bewegung'. Aber in diesem Fall kommt es darauf an, dass nicht nur an ‚Bewegung' gedacht wird, sondern das, was ‚bewegt', muss dann auch wirklich Anthroposophie sein. Das ist nicht das, wovon eine Gruppe von Menschen in gegenseitiger Übereinstimmung feststellt, dass es dies sei. Man kann sich nicht zusammen hinsetzen und ein Brainstorming über die Frage anstellen: Was ist Anthroposophie? Man wird doch bei ihrem Initiator zu Rate gehen müssen, bei Rudolf Steiner. Man wird die Anthroposophie dann auch in den grundlegenden philosophischen Werken suchen müssen, aber zugleich in der theosophischen Anthroposophie, in den Briefen Rudolf Steiners, in der späteren Anthroposophie, in den Vorträgen über ‚Gemeinschaftsbildung' von 1923 und in der Weihnachtstagung und den Monaten danach, vor allem auch in den Karmavorträgen. Daneben gibt es die Gespräche mit Polzer-Hoditz, Rittelmeyer, Ita Wegman und Walter Johannes Stein, in denen Rudolf Steiner sich deutlich darüber ausspricht, worum es genau geht.

In einem der Karmavorträge über das Karma der Anthroposophen beschreibt er den übersinnlichen Kultus am Anfang des 19. Jahrhunderts, in dem die Imaginationen gegeben wurden, wie die Menschheit sich starkmachen können wird gegen die anstürmende Macht Ahrimans, der die Intelligenz ganz an sich ziehen will. Die Leitsätze über Michael geben hierfür ein starkes Bild, ebenso der letzte Vortrag für die Priester der Christengemeinschaft.

Rudolf Steiner gibt zugleich an, wie Goethe diese Imaginationen in seinem Märchen ‚aufgefangen' und aufgeschrieben hat; wie Rudolf

Steiner selbst in den Mysteriendramen diese ‚Märchenbilder' anfangs als Ausgangspunkt nahm. Es ist deutlich, dass sich hierin, in dem übersinnlichen Kultus, in den Imaginationen, ausdrückt, was Anthroposophie sein muss. Rudolf Steiner ist dann derjenige, der diese Imaginationen in Geisteswissenschaft umzuformen vermachte. Selbst die Klassenstunden sind Ausdruck des imaginativen Kultus Michaels.

Wenn man nun auf den Kern zurückgeht, der in all diesen Äußerungen zu Wachstum und Blüte gekommen ist, dann findet man eine geistige Bewegung, die ‚Anthroposophie' heißt. Würde diese durch Menschen hindurch wirksam werden, dann würde die anthroposophische Bewegung auf Erden eine Tatsache sein.

Was ist nun diese geistige Bewegung? Ich fasse es wie folgt zusammen:

Wir müssen uns vorstellen, wie die Individualität Rudolf Steiners in jenem imaginativen Kultus zentral anwesend war und wie er daraus den Impuls auf die Erde trägt, dasjenige, was in Goethes Märchen in lieblichen Bildern wiedergegeben wird, auf Erden zu verwirklichen. Nicht als eine Philosophie oder als ein Märchen, sondern als eine *Tat*. Es betrifft die konkrete Verwirklichung der Vereinigung der platonischen und der aristotelischen Strömung. In den späteren Karmavorträgen gibt er die äußerliche Vereinigung für das Ende des zwanzigsten Jahrhunderts an, wenn die Platoniker und Aristoteliker gemeinsam auf die Erde kommen würden, um in der Kultur diese Vereinigung zustande zu bringen. Aber Rudolf Steiner hat das Vorbild geschaffen, und dies beschreibt er selbst in dem Gespräch mit Walter Johannes Stein. In anderen Gesprächen tritt dies auch hervor, auch in ‚Mein Lebensgang' und im Dokument von Barr. Aber hier, gegenüber Stein, ist es am deutlichsten. Und dieses Gespräch weist dann direkt auf den Aufsatz *Philosophie und Anthroposophie*. Da wird sehr konkret der Übergang von der Philosophie in die Anthroposophie beschrieben. Das Bindeglied zwischen Platon und Aristoteles ist Fichte. Die ‚*Tathandlung des Ich*' ist ein notwendiges Bindeglied, um die beiden Strömungen wecken zu können und sie in der Erweckung, der Auferstehung, zu vereinigen. Rudolf Steiner bringt diese Vereinigung zustande, indem er sich in das Werk Goethes vertieft und es dabei nicht belässt, sondern es mit der Kraft des Ich durchdringt, wodurch die Denk*art* Goethes ans Licht gebracht wird – nicht nur der Inhalt. Das nun war eigentlich die Aufgabe für den reinkarnierten Platon selbst gewesen (Karl Julius Schröer). Weil dieser das nicht tat, brachte Rudolf Steiner sich selbst auf seinem eigenen Entwicklungsweg in eine Verzögerung, indem er die Erkenntnistheorie von Goethe entdeckte und schrieb. In ‚Mein Lebensgang' beschreibt er, wie diese Verzögerung wirkte:

> ‚So erlebte ich durch meine Goethe-Arbeit den Unterschied einer Seelenverfassung, der sich die geistige Welt gewissermaßen wie gnadevoll offenbart, und einer solchen, die Schritt vor Schritt das eigene Innere immer mehr dem Geiste erst ähnlich macht, um dann, wenn die Seele sich selbst als wahrer Geist erlebt, in dem Geistigen der Welt darinnen zu stehen. In diesem Darinnenstehen empfindet man aber erst, wie innig in der Menschenseele Menschengeist und Weltengeistigkeit mit einander verwachsen können. Ich hatte in der Zeit, da ich an meiner Goethe-Interpretation arbeitete, Goethe stets im Geiste wie einen Mahner neben mir, der mir unaufhörlich zurief: Wer auf geistigen Wegen zu rasch vorschreitet, der kann zwar zu einem engumgrenzten Erleben des Geistes gelangen; allein er tritt an Wirklichkeitsgehalt verarmt aus dem Reichtum des Lebens heraus.' [19]

Auch in diesem Zitat wird von Rudolf Steiner ausgesprochen, wie er den Platonismus mit dem Aristotelismus durch die innere Aktivität vereinte.

Ohne diese *innere Aktivität* gibt es keine Anthroposophie und keine anthroposophische Bewegung. Der Platoniker ist von Natur aus passiv und wartet auf die Gnade. Der moderne Aristoteliker ist aktiver, aber hängt mit den Sinnen an der Außenwelt. Nur wenn das Ich sich in der Selbsterkenntnis aktiv bewusst schafft, ist Anthroposophia möglich, sie befruchtet dann beide Bewegungen:

Geht das sich selbst erkennende und schaffende Ich zur Ideenwelt über, dann erweckt es das Denken zu einer lebendigen Geistwirklich-

---

[19] Rudolf Steiner, Mein Lebensgang, GA 28, S. 176 f.

keit. Wie macht es das? Es tut das, indem es die Welt der Idee auf eine aristotelische Weise als eine wahrnehmbare Wirklichkeit betrachtet. Mit einem passiven Inneren geht das nicht, dann verfällt die Idee zum abstrakten Denken. Wird mit diesem passiven Denken der Geist gedacht, dann führt dies zu einem irrealen Spiritualismus.

Mit einem aktiven, sich selbst erkennenden und schaffenden Ich wird die Idee zur Wirklichkeit, und das ist die Quelle der Freiheit, weil das Ich sich als selbstständig wirksames Geistwesen erlebt und erkennt und schafft, das sich dann mit der sinnlichen Realität einlassen kann, ohne der verflachten Sinnlichkeit zu verfallen: dem Materialismus.

Mit Fichtes Tathandlung des Ich werden Form (Idee) und Materie ein und dasselbe: Das Ich ante rem, in re und post rem sind eins.

Dieses dreigliedrige Ich ist eine Dreieinigkeit, es ist dreigliedrig, aber zugleich ein und dasselbe. Es ist die Grundlegung für die Dreigliederung, es ist der Grundstein.

Es ist die *anthroposophische Bewegung* in jedem Menschen, der diese Tat innerlich verwirklicht und sie in die Welt hinüberträgt.